20世纪中国教育家画传

主编：储朝晖

XU TELI HUAZHUAN

徐特立画传

顾问：戴永增

靳贵珍　常顺英　王颖　高国庆　著

四川教育出版社

图书在版编目（CIP）数据

徐特立画传 / 靳贵珍等著. —成都：四川教育出版社，2012.6
（20世纪中国教育家画传 / 储朝晖主编）
ISBN 978-7-5408-5923-7

Ⅰ.①徐… Ⅱ.①靳… Ⅲ.①徐特立（1877~1968）–传记–画册
Ⅳ.①K825.46-64

中国版本图书馆CIP数据核字（2012）第104382号

责任编辑 穆 戈
封面设计 何一兵
版式设计 王 凌 张 涛
责任校对 史敏燕
责任印制 田东洋
出版发行 四川教育出版社
地 址 四川省成都市锦江区三色路266号
邮政编码 610023
网 址 www.chuanjiaoshe.com
印 刷 北京市兆成印刷有限责任公司
制 作 四川胜翔数码印务设计有限公司
版 次 2012年7月第1版
印 次 2022年4月第3次印刷
成品规格 170mm×230mm
印 张 16
书 号 ISBN 978-7-5408-5923-7
定 价 48.00元

如发现印装质量问题，请与本社调换。电话：（028）86259359
营销电话：15208205647 邮购电话：（028）86259605
编辑部电话：15884467278

总 序

顾明远

2007年3月5日，温家宝总理在第十届全国人大第五次会议的《政府工作报告》中郑重宣布：要提倡教育家办学。这个问题的提出显示出中国急需教育家却又缺少教育家。《国家中长期教育改革和发展规划纲要（2010~2020年）》更明确提出："造就一批教育家，倡导教育家办学。"

然而，现今即使是专门从事教育工作的人，对怎样才是真正的教育家却也没有清晰的认识。为解决这一问题，中央教育科学研究所研究员储朝晖与时任四川教育出版社社长安庆国在编写一套《20世纪中国教育家画传》丛书的想法上不谋而合，这对传承、传播中国20世纪教育家的办学理念，弘扬其教育精神和优秀思想，促进教育家办学的早日全面实现十分有益，也十分必要。

这套丛书所选择的十位传主是经过教育史专业的学者海选而产生的，他们是王国维、蔡元培、陶行知、张伯苓、胡适、梅贻琦、黄炎培、徐特立、陈鹤琴、晏阳初，我认为他们确实代表了20世纪对中国教育有巨大影响的教育家群体。

这套丛书突出传主的教育思想、办学理念、办学实践，尤其凸显传主的教育家精神；强调以史料为依据，对传主的教育贡献作客观评价，实事求是，还原历史，避免主观，不做有意拔高；全书插入大量珍贵历史图片，以图文并茂的方式呈现历史画卷，使得丛书具有了较高的学术价值、收藏价值以及观赏性和可读性。同时，丛书主编精心挑选各位传主研究方面的专家担任各分册作者，较好地保证了整套丛书的编写深度和质量。其中黄延复研究梅贻琦、宋恩荣研究晏阳初、梁吉生研究张伯苓、戴永增研究徐特立、金林祥研究蔡元培、储朝晖研究陶行知都有二十多年了。我与储朝晖第一次见面是在1988年，他拿着一封方明的信来找我，正是为了查阅北京师范大学图书馆特藏部的陶行知研究资料。北京大学图书馆研究馆员邹新明研究胡适、西南大学教授谢长法研究黄炎培、陈鹤琴外孙柯小卫研究陈鹤琴、华东师范大学徐旭晟博士研究王国维，他们也都是长期从事相关研究的专家学者，堪称黄金组合。这套书将有助于读者更好地领会各位教育家的精神真谛。

希望这样一套难得的好书，能激励有志教育的人成为教育家，切实有效地推动中国的教育家办学进程。

实事求是，不自以为是

徐特立

《河北教育》，顾名思义，是带地方性的刊物，是带指导性的刊物，不是纯理论的教育刊物。因而必然在刊物中反映地方的教育现实问题和解决教育中的现实问题。在教育理论方面必然是与实际相联系的，而不是不可实行的高论和无内容的空论。

解答实际问题，必然照顾到地方的经济条件、干部的文化条件和工作能力，照顾到大城市和小市镇文化程度的差别性，又不违反教育原则和教育政策。

文章的内容必然要有浅、深、繁、简。文章的形式除必要的辩论式外，还需要有谈话式、通读式等形式，长则二三千字，甚至有系统的著述（可分期登载），短则百数十字或口号式的短句，其目的是："言必有中"和"言毕有效"。

以上所说的话，概括起来，就是毛主席在学风一文（指毛泽东同志《改造我们的学习》）中所揭示的"实事求是"的精神。党的学风应该是实事求是；学校的学风和办教育刊物的学风，也应该实事求是。

"实事求是"一句说起来十分简单，做起来难于登天。尤其是有学问的知识分子，卖学问，卖知识，常常不问市场情况，一切从主观出发，不易接受批评，又缺乏自省（即缺乏自我批评），以学风一文中毛主席所指出的话来概括，就是"自以为是"。

年轻的小伙子、无学问的劳动者、无地位的小职员及小教员和天真烂漫而不以道学自居的人们，以上四种人没有什么东西拿来自夸，也就不会自大；自以为是的问题在这四种人的面前并不严重。但在年高、位高、学高、"功高"的四种人面前，则“自以为是”四字，就是第一等的障碍物。首先障碍了自己前进（即障碍着“实事求是”），不接受他人的批评，不愿暴露自己的缺点和错误，主要的是害怕丢脸——以被人批评，被人指摘为耻辱。

我们共产党，谁都不能否认它是一个先进的党。我们整风连续大整两年，三风中的一风是学风，学风中最重要的是“实事求是”、“不自以为是”两句话九个字。这九个字可以用来衡量党员的学习风气，尤其是有教育责任的党员及干部，更应严格执行这九个字。

《河北教育》出版，嘱我题字，我题了“实事求是，不自以为是”九字，并附以说明。

（本文原载1949年10月21日《河北教育》创刊号）

目录

Contents

目录 Contents

绪章

徐特立与少年儿童在一起。

徐特立是中国现代教育史上“杰出的无产阶级教育家”[1]。他1877年2月1日出生，1968年11月28日去世，享年92岁。

在长达一个世纪的人生岁月中，徐特立目睹了清朝末年的戊戌变法、孙中山领导的辛亥革命、袁世凯篡权的北洋政府、蒋介石执政的南京政府和中国共产党领导的新民主主义革命和社会主义建设的不同时期。此间，他的个人命运与职业前途也伴随着中华民族近一个世纪风云变幻的政治舞台而历经磨难、几经转折。

然而，无论处于何等艰难困苦的环境，徐特立渴望知识、并力图以知识来改变个人命运、以普及教育来转移社会风气，并通过社会化的教育来改变广大劳动群众的生活境况、进而改变中华民族命运的志向从未动摇过。在个人的职业选择上，徐特立义无反顾地选择了“教师”这个“清贫而又富有”的职业，并坚持一生。

他终生勤劳节俭、年轻时便得到“徐二镥锅”和“徐二叫花”的绰号，但是，他却用自己节省的薪水为贫寒子弟到处办学设校，以致“学生遍天下，春风无不被”[2]；他一生劳碌奔波，坚持在教育实践第一线，声称自己是一个实际工作者、老教书匠，一个“身教主义者罢了”[3]。然而，他除了亲自参加的教育实践外，还留下了大量的理论著述。除去抗战时期辗转各地遗失的大量手稿外，仅后人为他整理的存世教育类著作就多达五百多万字。这些珍贵

[1] 武衡、谈天民、戴永增主编：《徐特立文存》（第5卷），广东教育出版社1995年版，第507页。
[2] 田汉：《懋师人中圣》。转引自：《人民之光，我党之荣——纪念老院长徐特立从事教育工作110周年》，北京理工大学徐特立教育思想研究会编印，2005年，第30页。
[3] 湖南省长沙师范学校编：《徐特立文集》，湖南人民出版社1980年版，第135页。

的著作、文稿，既是我们解读徐特立教育思想的宝贵史料，也是这位杰出的教育家对中国乃至世界教育史的不朽贡献。

徐特立的一生颇具传奇色彩。他的人生选择，虽然历尽艰辛，却又是极其成功的。在七十多年的教育生涯中，他几乎尝试举办了各种形式、各种学制的教育：从小学教育到师范教育，从普及教育、高等教育、扫盲教育到各类师资训练班和干部培训班，从成人教育到儿童教育和业余教育，从全日制、半日制到各类短期培训，他丰富的教育实践、多样化的教育经历，为构建独具特色的“中国化的群众本位的教育理论”提供了宝贵的实验素材。

徐特立是从湖南农村走向中国乃至世界的现代教育家。通过对他七十多年从教历程的追溯，一位个性鲜明、充满“大爱”精神的长者和活的“教科书”[1]展示在我们面前。

他出身贫寒，但9岁时却获得了宝贵的私塾教育机会。通过十年的“破产读书”，他终于自学成才；18岁那年，在他面前虽然有科举为官的“光明大道”可走，但是，他却放弃了众人求之不得的仕途，选择了做“塾师”的艰辛职业；虽然在省城和大城市教书条件优越、收入丰裕，然而，他却宁愿吃苦受累，游走于偏远的农村，为贫苦的农家子弟设学送教；虽然在湖南教育界他已是知名度颇高的“长沙王”，可是，他却没有满足于既有的知识，并立志改革湖南的教育现状。

因此，在教书十年之后，他勇敢地走出湖南农村，投考宁乡速成师范，接受先进的科学知识和民主思想的教育和熏陶。在民族危难面前，他体恤民情、“断指血书”，以激励广大青年为民族解放而奋斗，为国家雪耻而学习。在接受新知、改革教育方面，他总是走在同时代的人们之前。他曾自费考察上

[1] 陆定一：《人民教育家——祝徐老七十大寿》，徐禹强、徐文浩主编：《万世师表徐特立》（上卷），中国档案出版社1998年版，第33页。

海，东渡学习日本、自费留学法国，并到比利时和德国进行教育和社会考察，力求学习更多的知识、掌握更为先进的教育理论来指导自己的教育实践。归国后，他积极投身于师范教育、女子教育和普及教育，推广民主办学的思想、施行温柔敦厚的“诗教”方略，赢得了“外婆”的雅号，使湖南的教育成为全国教育改革之典范。

然而，1927年国民党与共产党合作的失败，让思想激进并幻想“教育救国”的徐特立奋然觉醒了！在人人自危的白色恐怖中，年过半百的徐特立毅然选择了跟随中国共产党参加武装革命斗争、为民族解放和人民幸福而奋斗的革命道路。

在共产党领导的革命队伍里，徐特立如获新生。他积极弥补自己的马列主义理论和革命知识，增进对共产党领导的人民军队的了解，工作热情如同年轻人一般。然而，无论何时何地，他始终没有忘记自己钟爱的教育事业。从湖南农民运动讲习所，到江西苏区和雄关漫漫的两万五千里长征；从教育法规政策的制定，到新教材的编写和新教法的实验，都留下了他辛勤不辍、朝朝暮暮“诲人忙”[1]的身影。

1936年，以59岁高龄走完长征路的徐特立，与中国共产党领导的中国工农红军胜利到达陕北。在陕甘宁边区这个经济落后、知识贫瘠的教育处女地，徐特立几乎是在“零起点”的基础上开始了各类教育：扫盲教育、师范教育、普及教育和高等教育等各种形式的学校都在此地得到了实验。在他的规划与领导下，短短三年的时间，当地的教育普及率便高达百分之七十以上，连西方教育家都称赞他成功地创造了人类教育史上的奇迹。

徐特立执掌的延安自然科学院，集中体现了他科学教育的基本主张、民

[1] 朱德、康克清：《徐特立同志七十晋一大寿》，《当今一圣人——徐特立寿辰贺词选编》，北京工业学院高等教育研究室、人文社会科学研究所编印，1987年，第22页。

主办学的教育理念和教育、科研、经济“三位一体”的理工高等教育发展模式，显示出他高瞻远瞩的高等教育理想。

徐特立终生的教育活动，可以归结为对新民主主义教育的探索。由于早年他全身心地投身于各种教育实践，无暇顾及经验与理论的整理，因此，从20世纪40年代，他便有将自己的教育实践整理出来，著一部中国系统化的教育理论的想法。这一想法体现在他有关新民主主义教育的相关文章中，如中国化的教育思想、特色化的教育实践、体系化的国民公德以及群众本位的教育理论等，都属于他系统化教育理论的范畴。然而，由于新中国成立后，他工作事务的繁忙，加上随之而至的各类“运动”。以及对电影《武训传》的不公正批判，徐特立几年内缄默其口，致使这些系统的理论终未得到呈现。这不但是这位老教育家个人的终生遗憾，更是中国教育学的缺憾！

家庭是徐特立十分重视而珍爱的地方。但是，对于一个“革命第一、工作第一、他人第一”的职业教育家来说，却很难使家庭与事业两全其美。不过，这并没有影响他对家庭成员的教育和培养。深入了解徐特立的革命家庭及其对于妻子儿女和孙辈的教育，可以使后人获得一些特殊的感悟。

一　家贫启蒙

徐特立出生于19世纪70年代湖南省长沙县的一个农民家庭。当时，正是中国最后一个封建王朝—清朝寿终正寝的前夕。面对西方列强的轮番入侵和此起彼伏的农民起义，国力日渐衰败的清朝统治者因为无力应对危局而时常处于惶惶不可终日的危机之中。当时，占人口百分之九十以上的中国农民，大都生活在水深火热之中。生不逢时的徐特立，或许应了那句“天将降大任于斯人也，必先苦其心志，劳其筋骨，饿其体肤”的古训，在成长的过程中注定要经受多种磨难。虽然他生不逢时，然而，父亲却让他得到了一般农村人所没有的宝贵的读书识字机会。而徐特立也年少有志，他不但没有被苦难和贫穷压倒，相反，通过蒙馆的努力学习，在尚未成年时便“自立”了起来。

今日长沙县五美乡荷叶塅，徐特立的诞生地。

贫寒身世

湖南省长沙县是一个丘陵环绕，捞刀河、浏阳河、湘江三水汇聚的景色秀美之地。这里曾经是伟大的诗人屈原被流放的地方；也是英才辈出、俊秀成长的山水宝地。民主先驱黄兴、革命烈士杨开慧、著名剧作家田汉和开国元勋毛泽东等都是生于斯长于斯的俊才。而毛泽东青年时期的老师——徐特立就出生于此。

1877年2月1日（农历丙子年十二月十九日），湖南省长沙县五美乡荷叶塅的贫苦农民徐树兆家里喜添男丁。在封建时代，男孩的降生是家里的大喜事，祖父饱含深情地为刚出生的孩子取名懋恂，希望他长大之后成为一个勤勉诚信、忠厚笃实之人。这个孩子没有辜负祖父和家人的厚望，从小勤学刻苦，忠厚为人，且不入俗流，做事喜欢特立独行；长大后他给自己取名特立，以祖父所起的懋恂或恂作为笔名。此人就是中国现代教育史上被誉为“当今一圣人”的无产阶级革命教育家徐特立。

徐特立的父亲徐树兆是个少言寡语、老实厚道的庄稼人，一辈子不曾读书识字，尝够了没有文化的苦头。母亲胡氏则是农村里标准的贤妻良母。由于生活极度艰难，母亲极力克己持家，与丈夫共渡难关。但是，徐家过于节俭困难的生活，使徐特立的母亲因产后缺乏必要的营养补给而常年生病，以致过早衰老。在徐特立幼年之时，他的母亲便撒手人寰。母亲的离世使徐家生活更加困难，而徐特立的童年时光，也因母亲的过早离世充满了悲凉和阴霾。

徐特立的父亲徐树兆（1847—1920）。

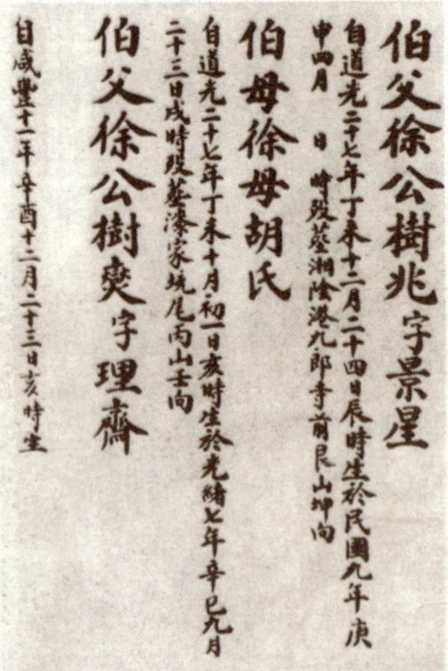

伯父徐公樹兆字景星
自道光二十七年丁未十二月二十四日辰時生於民國九年庚
申四月 日 時殁葬湘陰港九郎寺前艮山坤向
伯母徐母胡氏
自道光二十七年丁未十月初一日亥時生於光緒七年辛巳九月
二十三日戌時殁葬漆家坑尾丙山壬向
伯父徐公樹爽字理齋
自咸豐十一年辛酉十二月二十三日亥時生

五美乡徐氏家族保存的有关徐特立父亲徐树兆与母亲徐胡氏的资料。

徐特立的祖父粗通文字，略懂医道，常为乡亲邻里诊治疾病，兼能卜卦、看相、观风水，算是农村里的“文化人”。空闲时间，祖父喜爱阅读《水浒》、《三国演义》、《西游记》和《封神演义》之类的古典文学作品。这使年幼的特立对书籍产生了极好的印象。

徐特立在家中排行老二，共有兄弟姊妹四人：一个哥哥，一个姐姐，一个妹妹。四岁时，他的母亲和祖父相继过世，使贫寒的家庭雪上加霜。徐特立的父亲办完两桩丧事之后，家庭已濒临破产，只得与特立的外祖父合买了一些山地，两家拼做一家艰难度日。然而，由于生活极度困难，父亲不得不将还未成人的姐姐送人做童养媳。八九岁起，特立的哥哥便随父学做农活；而年幼的特立与妹妹则常常被带到田间地头玩耍，有时也被留在家里。徐特立小小年纪，就要承担起照看妹妹的责任，由于年幼胆小，黑夜来临时徐特立不免心生恐惧。这时，他便与妹妹对视而坐等待父亲的归来，以排除自己幼小心灵对黑暗的极度畏惧。八岁时，徐特立开始帮父亲做些放牛、砍柴等力所能及的农活。然而，大字不识的父亲深知文盲的苦痛，尽管生活拮据，也要拼命让儿子读书。因此，徐特立九岁便被送入了村塾，开始接受启蒙教育。

蒙馆受教

徐特立早年的教育主要是在村塾蒙馆进行的，其人格特征也在此时形成。根据他在《六十自传》中的回忆：“从九到十五岁，是在蒙馆读死书的时代，全不了解内容和字义，先生和我一样不了解。”[1]

在封建时代的蒙馆私塾，“打板子”的惩罚教学方式非常流行。能够教书的蒙馆先生主要是为了养家糊口，对于儿童早期所学的课程很少讲解，其主要职责就是要求学生死记硬背“经书”的内容，并要求学生在行为上“绝对服从”先生。因此，蒙馆的教书先生对于儿童的兴趣和学习心理、教学方法和教学效果等基本上是一概不管的。然而，学生一旦有什么冒犯先生之处，其结果就是被“打板子”。这种苛刻的体罚与机械的教学方式，不但使蒙馆教育索然无味，也常常使年幼的孩子对读书识字产生极度的恐惧感，以至于许多儿童由于不堪忍受先生的折磨而放弃了读书识字的机会。然而，出于对知识的渴望，徐特立没有被蒙馆的教育吓跑。虽然他读书时先生常换，学习也异常艰难，然而，六年的蒙馆学习，却让徐特立学到了许多有价值的东西，也为他的一生奠定了重要的基础。

在他早年学过的书籍中，《朱子家训》是对徐特立影响较大的读物，其中的一些篇章也是他坚持终身的修身格言。例如，“黎明即起，洒扫庭除”，“一粥一饭，当思来之不易；半丝半缕，恒念物力维艰”，“宜未雨而绸缪，勿

[1]《六十自传》是徐特立在1937年六十诞辰时应其学生们的请求而写的一篇自传。原载1938年2月26日《全民周刊》第1卷第12号。转引自武衡、谈天民、戴永增主编：《徐特立文存》（第1卷），广东教育出版社1995年版，第140页。

临渴而掘井”等简单易懂、浅近实用的道理，使他真切地体会到文化知识的普及，需要从受教育者的真实需要教起。

另一篇对徐特立终生有重要影响的读物是《杨忠愍公遗笔》。这是明嘉靖兵部员外郎杨继盛因弹劾权奸严嵩被屈杀，临刑前写给儿子的遗嘱。其教子为人、处事、治家的原则，对徐特立的一生产生了重要而深远的影响。

心为一身之主，如树之根，如果之蒂，最不可先坏了心，心里若是存天理，存公道，则引出来便都是好事，便是君子这边的人。心里若存的是人欲，是私意，虽欲行好事，也有始无终。虽欲外面做好人，也被人看破。你如树根衰则树枯，蒂坏则果落。故吾要你休把心坏了。

……

读书见一好事，则便思量吾将来必定要行，见一件不好的事，则便思量吾将来必定要戒。见一个好人，则思量吾将来必要合他一般，见一不好的人，则思量吾将来甚休要学他，则心地自然光明正大，行事自然不会苟且，便为天下第一等人矣。

……

与人相处之道，第一要谦下诚实，同干事则勿避劳苦，同饮食则勿食甘美，同行走则勿择好路，同睡寝则勿占床席，宁让人，勿使人让，吾宁容人，勿使人容，吾宁吃人亏，勿使人吃吾亏，吾受人气，勿使人受吾气，人有恩于我，则终身不忘，人有仇于我，则即时丢过，见人之善，则对人称扬不已，闻人之过，则绝口不对人言……[1]

从这些文章中，徐特立感受到了读书对于人的精神的巨大激励作用，于

[1] 转引自师秋朗：《现代圣人徐特立》，红旗出版社1992年版，第3～4页。

是，对读书日渐发生了兴趣。学习这两篇文章后，蒙馆先生便开始教他《论语》。然而，徐特立回忆道："使我对书籍发生兴趣的，却是这两篇文章而不是《论语》。"据此，他认为"教育应当从日常有用的事情和有感情的文章教起"[1]。

徐特立在年少读书的过程中，也从一位姓张的和尚那里受益匪浅。这位和尚不但教他八股文，还叫他静坐，读佛家的禅宗语录。禅宗语录都是些白话，容易读懂，又包含一些哲理，能够启迪人的思维。许多年后，徐特立都能够记起禅宗语录对于他的启发。徐特立回忆说，禅宗不立语言文字，反对不知意义的念诵和咬文嚼字，其中"十八木珠一串穿，终朝念佛涤心愆。可怜不识弥陀旨，数尽恒沙也枉然"这些诗句对于他去除读书粗枝大叶、不求甚解的毛病，作用最大。此外，张和尚还拿唐朝颇为知名的两位和尚——寒山和拾得的诗歌，教徐特立吟诵。其中的许多篇章，对徐特立的为人处世影响不小。有些诗句，他在晚年时还能够脱口而出。例如：

富儿多鞅掌，触事难祗承。仓米已赫赤，不贷人斗升。
转怀钩距意，买绢先拣绫。若至临终日，吊客有苍蝇。

猪吃死人肉，人吃死猪肠。猪不嫌人臭，人反道猪香。
猪死抛水内，人死掘土藏。彼此莫相啖，莲花生佛汤。

这些诗句与少年徐特立的贫寒家境相互映衬，对于少年立志与发奋图强产生了很大影响。

早期蒙馆的学习不但为徐特立的读书和为人定下了基调，也为他从事教

[1]武衡、谈天民、戴永增主编：《徐特立文存》（第5卷），广东人民出版社1995年版，第345页。

育实践和改革旧式教育埋下了伏笔。而蒙馆老师“管教不管学”、做“经师”却不为“人师”的做法，又是徐特立在日后从事教育活动的过程中所极力避免的。于是，在他此后从事的各种教育教学活动中，徐特立极力重视教育教学方法的改革，在教育实践中创造性地实践着一套独具特色的教育方法，成为构建其颇具特色的群众教育理论的重要基础。

徐特立终生也没有忘记，他跟随父亲生活时一年除夕之夜的那一幕：母

徐特立8岁那年过年时饥寒交迫的情景。

亲与爷爷相继去世后，由于丧事的拖累，徐家的生活境况日趋艰难。过年时，家中竟无米下锅。除夕那天，父亲到地主家去讨要工钱，他们兄妹四人围坐在冰冷的锅灶旁满心希望地等待父亲回家。他们多么盼望父亲能够早点买些米面和好吃的，早点归来陪他们过年啊！然而，等到大年初一早上，看到的却是两手空空、一身疲惫的老父亲！自那时起，徐特立恨透了那些为富不仁的狠心地主，发誓要通过自己的努力改变家庭的生活境况。

12岁时，根据农村的族规，徐特立过继给同族的伯祖母家做孙子。当时，伯祖父刚刚去世，留下来三十担谷的水田。半身瘫痪的伯祖母已经六十多岁，靠收点薄租维持生计。徐特立被过继到伯祖母家后，祖母为他娶了个比他小11个月的女孩熊立诚做童养媳。伯祖母虽然年老有病，但她勤俭持家，善于

徐特立十二岁过继给伯祖母徐王氏为孙。这是当年他住过的地方。

徐特立故居的水井、水缸和吊桶。

教育后人，理财持家有自己的一套规矩。年幼的徐特立夫妇在祖母跟前以兄妹相称，和睦友爱。他们共同侍奉祖母，深得老人的喜欢。而祖母精明节俭和精打细算的持家习惯，也为徐特立夫妇树立了生活榜样。然而，这种平和安详的好日子并没有持续多久，在徐特立15岁那年，祖母因病去世。苦难的生活再次考验着尚未成年的徐特立夫妇，他们从此不得不独立地撑起家庭生活的重担。

独自谋生

祖母去世后，徐特立不得不辍学，年仅十五岁的他开始承担了独自谋生的探索。那时，徐特立在蒙馆读书已有六年，在乡间已算是个“知书达理”之人，就此停止读书对于求知若渴的他来说总是心有不甘。但是，就当时的处境来看继续求学又没有可能，怎么办呢？严酷的生活现实摆到了一个十五岁的年轻人面前。为了生计，徐特立决定一边打工维持家庭生活开支，一边自己读书学习。此间，他开始了多种职业的尝试：医生、占卜，甚至当和尚等等都是他考虑的范畴。从医属于继承祖父的事业，况且还有祖父留下的医书可以继续学习。然而，当他阅读了许多祖父留下来的医学杂书，对于望、闻、问、切之理稍有理解之后，他发现具体到为不同的患者医病时，自己并不能够自如地把握治病之机理。在当时的农村，由于乡间学医投师无门，他又不愿做“庸医”坑人，因此，经过一段时间的尝试，徐特立认为行医的路对他来说是行不通的，于是，他放弃了做医生的念头。

行医之外，他还尝试过做个“阴阳家”。因为在那个时代，看卦卜风水在贫穷的农村仍然有一定的市场，也是养家糊口的营生与生财之道。然而，通过研读卦辞，他认为那些看似灵验的占卜，其实都是些模棱两可、自欺欺人的骑墙骗人之术。因此，他坚决地离开了此行。

由于尚未成年的徐特立过早地体会了生活的艰辛和世事的艰难，因此，他一度曾经想过要做和尚，以便及早远离世俗，遁入空门。然而，当他遍访湖南境内的许多寺庙和高僧后，发现原以为“以慈悲为怀”和“与世无争”的佛界，竟也存在着与世俗世界相似的森严等级。他们彼此明争暗斗，与世俗的世界没有什么差别，他毅然决然地放弃了消极遁世的想法。

经过两年多的人生摸索，十八岁那年，他选择了“塾师”职业。他认为，教书可以一边读书明理，一边“拯救人心”。这种职业选择，既可满足自己的读书愿望，又可以谋生养家，还可以参加科考进阶，是一举多得的理想选择。由此，他选择了教师职业。

为师的第一站，徐特立从自己的家乡——五美乡开始。他白天教书，晚上则步行到七八里外的经馆学习八股时文。在研习八股文章的过程中，他将当

五美乡小唐湾，徐特立最早教书的地方。

时能够找到的八股文全部抄来研读，从中总结出了自己的心得："明朝亡国时的八股，表现他们愤慨的、悲哀的、投降的三种精神，比较官僚的八股有声有色，因此，使我反对考秀才用八股，同时使得我得不到秀才，使我在物质生活上受到很大痛苦。"[1] 研习八股的结果，使他下决心放弃八股文，转而集中精力有步骤地开始了真正的读书和自学计划。

[1]武衡、谈天民、戴永增主编：《徐特立文存》（第1卷），广东教育出版社1995年版，第140页。

二　自学成才

读书在徐特立的一生中占有重要的地位。而在封建时代的农村，徐特立的读书之路却是一条充满了艰辛的自学成才之路。十五岁那年，他制定了十年的“破产读书”计划，靠变卖祖上的田地，坚持八年苦读不辍，终于使自己学有所成，实现了弃旧从新、办学为民的良好愿望，也为他一生从事教育事业奠定了必要的基础。

徐特立20岁时制订了“十年破产读书”计划：一边辛勤劳动维持一家生活；一边勤奋攻读。

破产读书

徐特立从九岁入蒙馆读书，到十五岁辍学后边打工边自学、开始摸索读书的门径，前后大约用了三年的时间。此后，因为研究八股而求教于当时长沙城里远近闻名的举人陈云峰。当时，陈云峰中举后因不愿投机钻营，闲居在家。他看到徐特立的“八股习文”后，便直言不讳地告诉徐特立，这些八股习作仅有“一隙之明”。因此，他劝说徐特立要立志读书，不要在八股时文上消磨时光。陈举人还亲自手书一把折扇对徐特立极力相勉：“读书贵有师，尤贵有书。乡村无师又无书，但书即师也。张之洞的《书目问答》即买书门径，《辅轩语》即读书门径，读此二书，终身受用不尽。勉哉勉哉。”由于受陈云峰举人的影响，徐特立心中萌生了系统而有计划地读书的想法，并在自学的过程中逐步掌握了读书的门径。

当时，徐特立家中的藏书和借书都已经读完，继续读书就必须购买新书，买书就要变卖祖母留下的不足30担谷的水田。如果学有所成则需要十年的时间，十年下来家里的田地几乎会被卖完。对于一个靠土地为生的农民来说，养家糊口的田地被卖光也就相当于“破产”了。究竟应该何去何从？徐特立感到十分为难。但是，当他与妻子谈到自己的“破产读书”计划时，出他意料的是，他的读书计划竟得到了妻子熊立诚的坚定支持！此后，徐特立再也无需因为买不起书籍而烦恼了，一些价格不菲的大部头书籍，如《十三经注疏》、《御批资治通鉴》等都能够买回家来仔细研读。

如果说卖地买书相对容易，在封建时代的农村，读书自学古代典籍却远非想象的那么简单！在回忆自己自学的经验时，徐特立曾说：

我十九岁就教蒙馆，差不多教了四十年书。日间总是替学生做事；自己读书要到晚上八九点钟以后，每日只读两三点的书。平日走路，同晚上睡醒了天还没有明的时候，就读书。口袋常带一本表解，我的代数、几何、三角，都是走路时看表解学的；心理学、伦理学，都是选出中间的术语，抄成小本子，放在口袋中读熟的。我读中国的旧书，总是常在要紧的地方画线，以便记忆和复习，有时选出要紧的句子摘抄。我学《说文》，不晓得写篆字，晚上睡不着及走路时用手指在手掌中写来写去。我读《说文》部首五百四十字，一年读完，每日只读二字……我读书的办法总是以"定量""有恒"为主。不切实际的贪多，既不能理解又不能记忆，要理解必须记忆基本的东西，必须"经常""量力"才成。我从半教半学，读了许多古书，还读了旧的地理、历史和数学。[1]

从刻苦自学中，徐特立不但奠定了坚实的古典知识基础，还获得了很多自然科学方面的知识。然而，当他的十年"破产读书"计划执行到第八年时（1905年），家里的经济就濒临破产了。当时，清末的考试已取消八股取士，改考经义，并加试历史、地理。由于生活和读书无以为继，徐特立决定借钱参加岳州会试。他认为会试不但有改变生活境遇的可能，也可检视一下八年自学的成效。

岳阳会试的地理题目是《汉之安息即今波斯条支即今亚拉伯辨》，历史题目《张居正毁天下书院论》。面对晦涩古怪的题目，他不知如何作答，只

[1] 武衡、谈天民、戴永增主编：《徐特立文存》（第4卷），广东教育出版社1995年版，第360~361页。

好根据自己平常的积累凑成了两份答卷。然而，考试结果却大出他的意外：三千名考生中，他竟以第十九名被录取了。[1]

但是，考试完毕，他筹措的钱款已经被花光，接下来复试又要交一元钱的卷费。正当他为此发愁时，同考的一位富家公子立即解囊相助。然而，对比自己考前借贷无门、初榜后却有人乐于相助的状况，他却怎么也高兴不起来。他认为："受恩多，则立朝难"，如果现在接受私恩，以后就很难能够秉公理。因此，他决然地放弃了复试，也放弃了多年读书即将换来的仕途机会，卷起行李踏上了归途，并作《言志》诗，以表明自己的态度：

丈夫落魄纵无聊，壮志依然抑九霄。
非同泽柳新稊弱，偶受春风即折腰。[2]

为了表现自己的卓然独立和出污泥而不染的清高思想，他将祖父为他取的名字"懋恂"改为"特立"，喻为"特立独行"之意。自此，徐特立便以个性鲜明的新形象出现在教育界了。

弃旧从新

徐特立出众的会考成绩不仅为他带来了极大的荣誉，也使他的知名度陡增。此后，许多学堂对他争相聘用，慕名求学者众多。与此同时，他的年薪

[1] 陈志明：《徐特立传》，湖南人民出版社1984年版，第12页。
[2] 武衡、谈天民、戴永增主编：《徐特立文存》（第1卷），广东教育出版1995年版，第2页。

也骤增四倍之多，从此前的十四串上升到了六十串。由此，他觉得自己的“破产读书”计划已经告捷。在回忆自己的这段读书生活时，他说：“从二十岁到三十岁时，面前摆着习科举和求学问的歧途，有摆着或破产购书，或守财不学这两个歧途，要我抉择。我终抉择了其中之一，结果证明做对了。”[1]

其实，“破产读书”的成功，不但使徐特立获得了社会的认可和丰裕的生活来源，还让他学到了当时传统学校中学不到的自然科学知识和进步的民主思想，使他从一个自发的、通过教育探求改革人心的塾师，成为一个自觉地投身到民主革命的洪流中“推着社会历史车轮前进的人”。

1905年，在清末是一个重要的年份。是年，科举初废，学部新建，新学制的一个重要举措就是开办新式学堂，而能够担任数、理、化等新设课程科目教学的教师却凤毛麟角。此时，徐特立由于在八年的“破产读书”中不但饱读经史子集等传统书籍，打下了深厚的“中学”基础；还学到了传统的学校教育中不可能学到的许多现代西方自然科学和社会科学知识。此外，他也接触了一些进步的维新刊物，如《湘学报》、《湘报》等，受到了重要的思想启蒙，一度成为康梁学派的重要信徒 。[2]丰富而全面的知识积累，使徐特立在新式学堂中成为各校竞相聘用的热门人物。

然而，戊戌变法的失败、八国联军的入侵和辛丑条约的签订，使徐特立的精神生活极度苦闷和彷徨！因为此时的徐特立，已不再为自己的一家之饥饱而操心，他在为中华民族的前途而担忧！然而，面对摇摇欲坠的清王朝，一个教师又能够做些什么？徐特立认为，在此国难当头的时刻，广大的人民只有团结起来反抗，中国才有出路。为表达自己的决心，他赋诗《书愤》，来表达自己的想法：

---

[1] 陈志明：《徐特立传》，湖南人民出版社1984年版，第13页。
[2] 陈志明：《徐特立传》，湖南人民出版社1984年版，第13页。

徐特立自学时读过的部分中国古籍和西洋传入的科学书籍。

为恶既无恶报，为善又无善报。

何必安分守己，不做“土匪强盗”？[1]

这首诗清楚地表达了徐特立与腐败政府决裂的决心，也为他此后参加南昌起义、走上革命道路埋下了伏笔。为此，他决定离开家乡五美，放弃旧式教

[1] 陈志明：《徐特立传》，湖南人民出版社1984年版，第14页。

宁乡师范遗址。

育，到更加广阔的地方学习新知，以探索救国救民的革命道路。

在徐特立弃旧学、探新知的过程中，宁乡速成师范的学习是他人生的一个重要转折点。

宁乡速成师范系著名的宁乡籍进步人士周震麟所办。周震麟是老同盟会会员，与黄兴、宋教仁同在日本留学，深受当时湖广总督张之洞的赏识。他本来准备北上京师大学堂任教，但是，因受到湖南士绅的邀约，便与其挚友黄兴商谈回湖南办学的事宜。黄兴认为："此乃转移湘人脑筋、养成多数革命党员，以为宣传革命前去准备的绝好良机，不可坐失"，周震麟对此深有同感。

因此，他不顾一切地回到长沙，兴办新学。此时，同为湘籍的清朝开明管学大臣张百熙拟任命周震麟为长沙高等学堂（湖南大学的前身）的校长。按照当时的规定，官立大学的校长每天早上要向皇帝像行叩头之礼，周震麟由于自幼受到“永不仕清”的训诫，并立下反清革命的志向，于是就自请只任教务长，以免做己所不欲之事。[1] 与此同时，他以极大的热情，将位于长沙望麓园的宁乡试馆改为宁乡住省中学，还仿照日本明治维新时为发展教育办师范速成班的做法，附设速成师范科，这就是宁乡速成师范——宁乡师范的前身。

宁乡速成师范校长周震麟（1875—1964）。

1905年正月，徐特立来到宁乡速成师范求见周震麟校长。当时考试录取的时间已经结束，周校长让他过两天来校参加补考。但是，徐特立直言不讳地向周校长说明了自己的状况：他已经投考过三所学校，算术与博物两科都不及格，如果考试，自己还是考不上。周校长见徐特立求学心切，就了解了他的家世、经历和来此学校读书的想法。徐特立说：“我在乡下教蒙馆也是小有名气，以此谋生尚可混得下去。可是，当今世界潮流日新月异，如果依旧用古旧的东西教授儿童，国家

[1] 黄小裄：《徐特立与宁乡师范》，《徐特立研究》1997年第2期，第7页。

民族的前途岂不困殆？因此，我想进新式学堂，学习一些新知识，以用新知识教育后一代……”[1] 徐特立的想法深得周校长的赞许，因此，他最后被宁乡速成师范“破格录取”。

当时的宁乡速成师范，资产阶级革命和日本明治维新的气氛很浓，学校除开设自然科学的课程和教育学外，还设有西洋史、东洋史等课程，讲授资产阶级革命即日本明治维新的历史。结业时周震麟校长对学生们说：“我们办这个学校，不只是培养你们当一个好教员，得到社会上的名誉地位，更重要的是希望你们创造事业。创造有利于国家民族的事业。”[2] 周校长的这些话，给为国家民族前途思虑的徐特立指明了努力的方向。晚年他在《六十自传》中曾说：“我二十八岁进宁乡速成师范，学习过四个月。但这时我的科学已远在教员之上，不过过去所学的都是旧的，在四个月中一切科学知识确有新的发展，尤其是革命学说方面，走上了反对康梁而信仰孙中山的道路。”[3] 与徐特立同在宁乡速成师范读书的，还有与他志同道合的好友姜济寰与何雨农。从此以后，他们三人成了事业上相互支撑与生活上相互帮助的革命好友。

送教为民

在徐特立看来，中国之所以遭到西方列强的侵略，主要是由于文化教育落后；只有大力兴办学校，提高国民的整体文化素质，国家民族方能振兴起

[1] 黄小纺：《徐特立与宁乡师范》，《徐特立研究》1997年第2期，第7页。
[2] 周世钊：《我们的师表》，转引自陈志明：《徐特立传》，湖南人民出版社1984年版，第12页。
[3] 中央教育科学研究所：《徐特立教育文集》，人民教育出版社1979年版，第10页。

来。报此信念，徐特立的一生，都献给了他所钟爱的教育事业。

20世纪初叶的湖南，省城长沙办学的风气很盛。然而，偏远的农村几乎没有学校供家境贫寒的农民子弟读书。农家子弟也因为到省城读书所花费用高昂，几乎无人去城里念书，因此，也终身失去了接受教育的机会。徐特立自幼在农村长大，对于农村孩子读书学习的艰难与掌握文化知识的重要性深有体会。因此，他从宁乡速成师范毕业后的第一件事，便是去离长沙三十多里的梨江农村，创办梨江高等小学堂，专门为农家子弟读书识字而开办学校。虽然徐特立办学的愿望与热情都很高，然而，他自己却拿不出办学经费。于是，只好求助于家境富裕的好友何雨农和姜济寰。徐特立专门为农村学生办学

梨江小学校园一角。

的想法得到了何雨农和姜济寰二人的热情支持，他们拿出了数百两银子作为办学的最初经费，对徐特立予以支持。

1905年7月，由何雨农和姜济寰二人出资，徐特立筹办的梨江高等小学堂开学。徐特立聘请姜济寰担任校长，他自己则负责具体的教学事务；学堂除招收男孩子外，同时还设置了速成师范和女子班。为节省开支，他给自己定下了“不拿工资只吃饭”的规矩。1906年中秋节，徐特立的妻子熊立诚生下第二个孩子。由于家中女儿患痢疾无人照顾，徐特立只好在上午上完课后步行五十多里回家照顾妻儿。他为妻儿煎药、做饭、洗衣、收拾，为此经常折腾到深夜。第二天一大早，他又要急匆匆赶到学校上课。姜校长眼见徐特立累得又黑又瘦，劝

陶公庙（梨江小学曾迁校于此）。

徐特立家通往梨江小学的路。1905年中秋前后，徐特立每天步行五十多里往来奔波于此。

他在家休息几天。然而，徐特立坚决不肯耽误学生的课业。就这样，他每天来回奔波于学校和家庭之间，坚持了将近半个月。虽然辛苦劳累，但他的内心十分欣慰。他既没有耽误学校的工作，对家庭也尽到了自己的职责。

徐特立创办的梨江高小，在当时的湖南农村属于首创，对于当时的农村教育和农家子弟的教育，起到了开风气之先的效果。他虽然在这所学校任教的时间只有半年，但是，他对这所学校的感情却很深厚。离开学校后，他还多次到学校指导，并在经费上设法资助。抗日战争前他回湖南时，还特地在校门前留影存念。新中国成立后，他每次回家乡湖南，总在校门前瞻望徘徊，不舍之情难以言表。令他颇感慰藉的是，在此办学的短短半年中，他不但培养了一批热心于教育的好学生，还交往了一些志同道合的革命同仁。例如，梨江高小速成师范毕业的熊锦玎，曾是他在此教书时最喜欢的学生。熊锦玎毕业后不仅追随徐特立在长沙长期从事教育事业，而且还伴随他一同走上了革命道路，二人的友谊保持终生。

三　民主革命者

20世纪初叶，中国处于半殖民地半封建社会。西方列强为获得更多的在华利益不断地在中国内地制造事端，肆意侵犯中国人的尊严。而当时的政府却采取对内镇压、对外奴颜婢膝的苟且态度，激起了广大百姓的强烈不满。对于矢志于“教育救国”的徐特立来说，唤醒青年学生的爱国热情、救中国出水火是他此时考虑的主要内容。为实现自己的“教育救国”之志，徐特立不但“断指血书”、自费东渡考察日本教育，回国后带头在湖南实行教育改革，在四十三岁时，还远赴欧洲勤工俭学。从此，徐特立实现了从一个乡村私塾先生，成为一个自觉的民主革命者的转变。

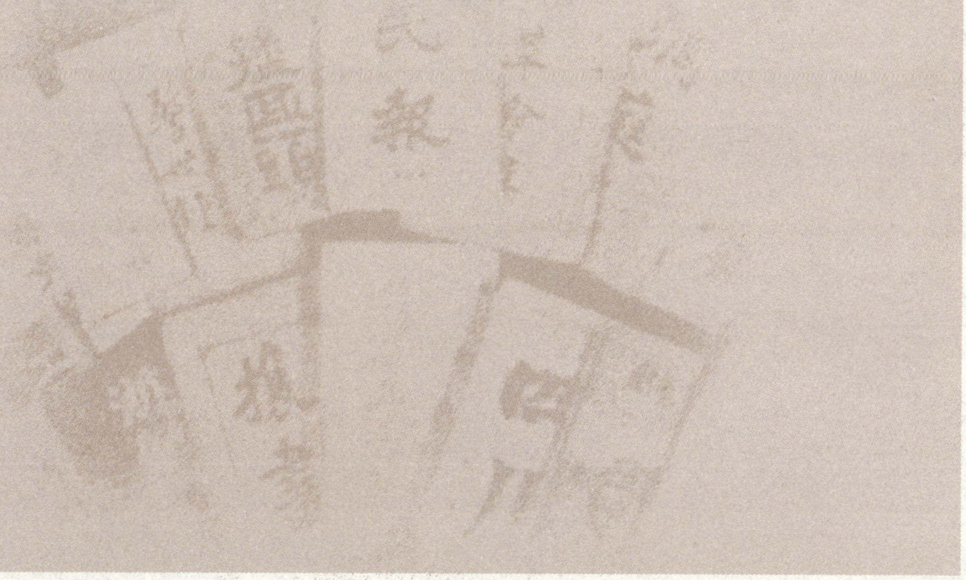

徐特立的“断指血书”。

断指血书

在徐特立的一生中，读书从教与投身革命相互支撑，构成了他终生为之奋斗的主要内容。作为一个具有先进意识的革命志士，徐特立不仅仅满足于教书育人的事业，而是通过教育启发民智、让人民群众通过自我意识的觉醒来改造自己，从而投身到广阔的民主革命斗争中去，以使落后的社会得以改造。徐特立在培养学生的民主革命意识方面，做到了知行合一、率先垂范。

任教周南女校期间，徐特立十分关心国家大事，经常阅读民主革命先驱黄兴、陈大华、秋堇、杨毓麟等人的文章，并时常同朱剑凡等好友就时局交换看法。陈天华的《猛回头》、《警世钟》、《狮子吼》、《中国革命试论》和《警告湖南人》等诗文都是那时他爱不释手的读物。他经常将这些人的诗文拿到课堂上讲读，以激发学生的爱国热忱；他对这些民主党人的钦佩之情，竟达到了“五体投地”之境。陈天华等人自杀后，长沙数万名学生身着素服在市内举行了大规模的祭奠，以抗议日本政府和清政府对民主思想的压制行动，这使徐特立愤而清醒。他认为与其坐而论道，不如即刻行动。此后，他便主动投身于民主革命斗争的洪流中去。在徐特立参与的众多值得一叙的事件中，“断指血书”抗议帝国主义暴行的举动，既显示了他的爱国精神和革命气节，也对唤醒青年学生的爱国热情与革命意识产生了深远的影响。

任教周南女校期间徐特立常读的民主读物。

甲午战争之后，帝国主义列强任意宰割中国的领土，不时指使驻守在中国内陆各地的传教士制造事端。群众不堪忍受传教士仗势欺人的做法，与传教士的流血冲突接连发生，这些事件被称为“教案”。面对各地频发的“教案”，清政府不但不采取措施制止外国传教士的暴行，反而与外国军队相互勾结，镇压本国的群众，致使百姓对腐败无能的清政府产生了极大的反感。

1902年，湖南辰州发生了因英国传教士故意放毒而致当地数名群众死亡的事件。群众愤而围攻教堂，并将两名主犯传教士胡邵祖、罗国俞打死。这就是著名的“辰州教案”。教案发生后，清政府不但不惩罚传教士为当地的群众申冤，反而接连惩治了一大批当事人、罢免了当地的一批官员，同时，还惩罚了辰州的无辜百姓和全体读书人，明令辰州读书人五年内不许参加科举考试。这是何等的屈辱？不久，江西也发生了法国传教士因殴打中国官吏而被打死的“南昌教案”。这些教案发生后，法、英、美帝国主义竟乘机将兵船开至鄱阳湖，公然挑战中国人的极限。清政府不但不反抗英、法、美等外国联军的暴行，反而同帝国主义一道镇压本国同胞，这引起了许多百姓和青年学生的不满。

民族的灾难，国家的屈辱，清政府的腐败，让爱国亲民的徐特立满腔义愤。1909年，徐特立到修业学校发表演讲，在历数帝国主义的罪恶和清政府对外奴颜婢膝、对内残酷镇压人民的卖国行径后，他一边泪流不止，一边号召大家团结起来报仇雪耻！当他讲到湖南辰州因一教案竟停止科举五年，杀了十几个无辜的百姓，善化的苏知县去收尸时，因同情流泪也被撤职时，他悲愤至极，当即跑到厨房，拿起菜刀，将自己的左手小手指斩下一节，以示自己

修业学校操场，徐特立曾在此演讲并断指。

反抗帝国主义和清政府压迫的决心。这一场面令在场的师生群情激奋、感慨万分。修业学校的校长彭国军见状，害怕徐特立的行为会给学校惹出麻烦，于是，用徐特立的鲜血写下了“请开国会，断指送行”八个大字，由姜济寰转交赴京参加请愿的代表。[1]“断指血书”的消息在长沙城传播开来，整个湖南省为之震动。

徐特立“断指血书”的壮举被报道后，有位老先生曾为此撰联：“罗紫云仗义执言，效申包胥之哭；徐特立拔刀断指，有南霁云之风。”徐特立“断指血书”的壮举，在湖南教育界流传开来，一代又一代的年轻人因此而备受鼓舞，这对于湖南民主革命斗争的开展，起到了积极的推动作用。

东渡考察

20世纪20年代，徐特立已是湖南教育界深孚众望、社会地位颇高的“长沙王”了，然而，他却没有就此止步。徐特立对当时教育界一方面顽固不化、拘泥于旧的教育观念和体制，另一方面又照搬外国教育制度的状况，深感不安。他认为教育上的这种畸形状况已不能适应社会前进的需要，必须痛下决心使之得到彻底改革。为此，他走访了长沙、善化、浏阳等县的许多中小学教师，与他们交换了改革教育的意见。然而，他发现在时局动荡、国家政权不稳的年代，真正有志于教育改革的人士不多。因此，他自觉地担当了教育改革先行者的重任。然而，究竟如何改革？他的思路也不明晰。由此，他又一次萌生

[1] 关于“血书”的内容，流传着不同的说法。有的说是“驱逐鞑虏，恢复中华”，为徐特立所书；有的说是“请开国会，断指送行”，为彭国军所书。此处采用了后一种说法，因为据湖南省长沙师范专科学校所编的《无产阶级教育家徐特立》（第19页）来判断，后者更有说服力。

了离开家乡长沙，到更广阔的天地去考察教育的念头，这个想法得到了好友朱剑凡的支持。朱剑凡不但对徐特立辞职外出考察的做法欣然同意，还主动出资赞助，以督促他尽快成行。

朱剑凡（1883—1932）。

1910年春，33岁的徐特立为考察教育第一次走出湖南，来到了上海。他原打算用半年时间在上海考察小学教育，当时恰逢江苏省教育会在上海举办小学教师培训班，徐特立便前去投考，结果以优良的成绩被录取。训练班的教师俞子夷、杨月如见到这位比自己年龄还长的学生时，都非常惊讶。二位老师同徐特立进行了诚挚的谈话，当他们得知徐特立已是长沙的中学教师，自费来上海主要目的是进行教育考察时，二人深表敬佩。徐特立向两位老师说明了自己的来意，并希望得到他们的支持和帮助。俞、杨二位老师满足了他的要求，并为他走访学校提供了很多方便。

俞子夷（1886—1970）。

在参加上海小学教师培训期间，徐特立每天最多用4个小时听课，剩余时间都去走访其他的学校。凡有学生运动会、展览等活动，他必去参观。从对上海学校教育的考察中，他看到了许多在湖南时没有想到过的新鲜事。当他走访杨伯明先生主办的城东女校时，他发现此校是杨先生因陋就简举办的，便十分赞赏。杨先生以自己家的堂屋当教室，茶几当讲桌，堂前照壁上贴了许多新闻资料以方便学生阅读；而他本人，则既是校长，又是教员。除了教课，还教缝纫技术、编辑杂志。[1]徐特立特别赞赏这种勤勉、艰苦的办学精神，这对他日后在艰苦的岁月里坚持办学起到了长久的激励作用。

此外，在考察中，徐特立还走访了上海郊区的“万竹小学”，从中悟出了许多好的教育方法。通过观察走访，他看到这里的教员与学生家长的关系十分密切。教员走到了学生家里，可以随便坐在矮凳上聊天，也可以随手拿起晒在门外的腌菜尝尝，徐特立认为这是教师联系群众的好办法。除此之外，该校别致的运动会奖品也给他留下了难忘的印象：菜荠、小篮子等小物件，覆以绿叶红纸，既经济又好看，得奖的学生还很高兴。这种就地取材、因地制宜地办教育的做法引起了徐特立极大的兴趣。[2]

在上海考察期间，徐特立由于使用了大量的时间去考察不同地域的学校，很少参加训练班的课程，因此，训练班结业考试时，他总是不及格。然而，在徐特立看来，他不但不觉得遗憾，反而认为自己的考察收获很大，不虚此行。俞、杨二位老师也不仅没有因为他的“不及格”对他表示不满，反而对他深入实际考察教育的精神更加钦佩了。

徐特立本人很佩服训练班中比他还年轻的俞子夷先生，同时，他了解到俞先生是从日本鸿文训练班留学归来的，便常常询问余先生日本的教育现状。俞向他介绍了日本的教育发达状况，并建议他亲自赴日考察。

同年7月，徐特立怀揣出国考察教育的梦想，从上海东渡抵达日本的东京。在日本的湖南籍留学生中，有不少徐特立的学生和朋友。在这些人的帮助下，徐特立阅读了《小学校事汇》、《三十个优良小学校》等书籍，还走访了许多日本学校，进行了大量的实地考察。他认为最应该像日本人学习的地方，是他们节省人力、物力、财力地举办教育，并最高效率地实现普及教育的做法。他回

[1] 武衡、谈天民、戴永增主编：《徐特立文存》（第3卷），广东教育出版社1995年版，第85页。
[2] 武衡、谈天民、戴永增主编：《徐特立文存》（第3卷），广东教育出版社1995年版，第85页。

忆道："我访问过的实践女学校长是夏田戈子。学校只有校长、教员，没有其他工作人员，学生即是工作人员。缝纫教室搬去案板即成操场。课程注意实用，有家政。"[1] 学校的日常事务，都由学生自理，房屋和设备都能很好地发挥效用。学校开设的"家政"课程，尤其能够结合实际。女校长的干练与善于管理，使学校环境整洁清雅，井然有序，这给徐特立留下了深刻的印象。

日本考察期间，给徐特立留下深刻印象的另一种办学经验，是日本的东京"鲛桥小学"。这所学校招收的学生大多是工厂的小徒工，他们上、下班时间不一。为了使他们都能够享有接受教育的机会，该校在正常教学之外，还设有二部和三部。二部是上、下午开两班课，三部是上下午三班。这样便解决了学徒上、下班时间不一的问题，使每个时间段来读书的学徒都能够听得上课。此外，本校对于缺少教员的问题，还采取了让学生兼任助教的办法。这些能够解决实际问题的办学经验，不仅丰富了徐特立考察的内容，也为其回国后从事教育改革提供了借鉴。

日本的教育考察，不仅启发了徐特立的教学实践，也充实了他的教育理论。留日期间，徐特立还学会了阅读日文书籍，这种习惯一直保持到晚年，对于了解日本教育及其改革动向，大有裨益。

改革先锋

1910年10月，徐特立从日本回国。考察归来的徐特立身体力行，实施了多项教育改革，成为湖南教育改革的先锋人物。这一时期，他主要从两个方面

[1] 武衡、谈天民、戴永增主编：《徐特立文存》（第3卷），广东教育出版社1995年版，第86页。

促进了教育风气的转变：第一，创办教育期刊；第二，从事教学实践改革。

徐特立从上海回到湖南长沙后，朱剑凡继续聘他回周南女校任教，他欣然应允。不久，朱剑凡担任了周南女校的董事长，徐特立继任该校校长。

为了促进学校教育改革，他用自己的薪俸创办了《周南教育》周刊，这是湖南第一家指导教育改革的刊物，深受大家欢迎，索阅者甚多。为办好期刊，他利用一切业余时间为刊物撰写文章，并自己担任校对、发行和筹款工作，为此付出了大量的心血。

在刊物的内容上，徐特立极力主张栏目多样化，其中既有上海、日本教学的经验介绍和他的留日观感，也有学制、课程、教材、教法、成绩评定、成绩考核和师生关系问题的探讨；还有师生的各种建议、质疑和研究心得等等。

在他的苦心经营下，《周南教育》办了一年多。辛亥革命爆发后，徐特立因社会工作众多，不得不将刊物停办。在一年多自办刊物的时间里，由于经费困难，几次因经费缺乏而濒临停刊。当有人劝他说不如干脆停刊时，他却说，此刊对小学教育大有好处，只要能够勉强维持，就不该停止。尽管这个刊物所办时间不长，却受到了极高的社会评价，被誉为“湖南教育刊物的开路先锋”。[1]

从徐特立个人的回忆来看，发表在《周南教育》上的许多文章，都是他的“教育论文”。而撰写此类文章，在他看来是生平以来的“第一次”，因为他一贯将自己当做“一个教育的实际工作者，所以只有教育的事业，而没有具体的关于教育理论或意见的著述这一类成绩”。而谈到撰写文章，他认为自己是一个“极不爱写文章的人”[2]。关于刊物的创办及其有关情形，徐特立回忆说：

[1] 陈志明：《徐特立传》，湖南人民出版社1984年版，第27页。

[2] 武衡、谈天民、戴永增主编：《徐特立文存》（第2卷），广东教育出版社1995年版，第55~56页。

《周南教育》是我发起的，文章是我和周南的同事以及学生写的。我自己校对，自己发行，自己筹款。这时我任周南的校长兼教员，每一天上课总是五点钟左右。全校中有中学、师范及小学，学生三百余人，公家津贴每年纹银四百两，我和校中一切教员都是平等薪俸制，每人每月十五元整。当着辛亥革命的前夜，我的文章就被反动势力压榨出来了，而学校的困难和家中的困难，以及建立该校的主人朱剑凡先生毁家兴学，该校教职员的薪俸不足养家等等，都是我写文章的刺激物。我对于教育得有一知半解，还是辛亥革命前夜的环境给我的。[1]

不仅如此，他还利用各种机会，力促教育改革。1910年冬至1911年春，他成功举办了首次全省学生成绩展览。他不但到长沙县各小学收集学生课卷，就地展出，还从中评选出优秀者报送省里展出。此外，他还担任评议员，写出了《成绩批评手册》。通过这些活动，大大促进了湖南教育质量的提高。徐特立此时的教育活动，无论对于形成他的教育理论，还是对于当时的教育实践，都起到了极大的探路先锋的作用。

勤工留法

上海与日本的教育考察、返湘后的教育实践与改革，并不能够从根本上满足徐特立用教育改革社会的愿望。强烈的求知欲，促使他迫切地希望自己了解中国之外的另一个地方——欧洲。因此，四十三岁那年，他做出了令常人难以理解的抉择——留法勤工俭学。由此，徐特立被一些不理解他的人讥讽

[1] 武衡、谈天民、戴永增主编：《徐特立文存》（第2卷），广东教育出版社1995年版，第55页。

留学法国时的徐特立。

为“扶拐棍的留法老学生”。

徐特立出国的目的何在？在《留法老学生之自述》中，他自己回忆道：

一般人都说年老者不能求学。年老的人多半在社会上有些权柄，倘若全不求学，社会上受害就不小，所以我不怕人家笑话，定要说出我的意思。

我今年四十三岁，不觉就到四十四、四十五，一混六十岁来了。到了六十岁还同四十三岁时一样无学问，这一十七年，岂不冤枉过了日子？这一十七年做的事情，岂不全无进步了？到了六十岁时来悔，那就更迟了，何不就从今日学起呢？[1]

可见，强烈的求知欲望和不甘落后的拼搏精神，使徐特立忘却了自己的年龄与一切艰难困苦。对他来说，勤工留学虽然舆论上阻力重重，但是，在五四运动的鼓舞和感召下，他还是冲破阻力，于1919年6月，偕同他的17位学生义无反顾地踏上了留法的征程。前来为他们送行的，有他的爱徒与好友：毛泽东、何叔衡、熊瑾玎、陈玲增等人。

留法的一行人先到上海，但因一时买不到船票，只好在上海的湖南会馆滞留两个多月。无谓的等待与时间和银钱的消磨，使他们倍感焦急。幸好同行的姜浚寰（姜济寰的弟弟）曾在法国做工，认识法国货轮“波多斯”号上的水手。姜浚寰通过求助于一些水手朋友，很快解决了登船的客

[1] 武衡、谈天民、戴永增主编：《徐特立文存》（第1卷），广东教育出版社1995年版，第21页。

徐特立（前右四）与留法学生合影。

票。于是，他们幸运地使用半价船票，登上了“波多斯”号货轮，于9月28日起航离沪。

赴法的旅程漫长而艰苦。由于搭乘的是货轮，他们在船上的安身之地只能是货船的尾部。此间，每人只能够找到一张靠背椅权且当做床铺，而靠背椅的上头只有象征性的一块篷布，既不能遮风，又不能避雨。一路上，大家晕船现象时有发生，厉害时一个个翻肠倒肚，苦不堪言。然而，徐特立此时却表现出了极大的适应能力。面对船上的困苦，他一路上总是谈笑风生，兴致勃勃地尽量转移大家的注意力，使这批年轻人感受到了他面对困难时的乐观主义精神，受到了极大的鼓舞和激励。

航海赴法路途遥远，途中发生了许多事故和故事。但是，每次遇事故，徐特立都能够利用时机，以他的“善教之风”、“大爱之德”和“革命的乐观主义精神”沿途教育并感染每位同行者。

一次，货轮因起火烧损严重，不得不停靠在越南西贡港修理。船一停就是15天，当时，徐特立将此段时间当做考察越南教育的好机会，他积极地到西贡各华侨学校参观，受到了华侨学校热情的欢迎和款待。从参观拜访中，他获取了许多有关越南教育的感性知识。

此外，当船行至缅甸的仰光时，仰光一所华侨大学的校长得知中国的一位著名教育家到来的消息，便殷勤地邀请徐特立去该校演讲，并请他为学校题词。徐特立欣然应允，挥笔写下了：“万里旅居巡市井，百年长计课儿孙”的条幅，该校如获至宝。此事在仰光的华侨中广为传颂。徐特立善于将不利转化为有利的做法，令同行者极为佩服。

另一次途中他们遇到了火山爆发。当他们搭乘的轮船驶过地中海时，恰遇意大利西西里岛火山爆发。面对火山喷发的壮观奇景，徐特立兴高采烈地对身边的年轻人说：“别人说我老了，不能出洋留学，倘若我真的不来，就连火山的爆发，怕是一辈子也看不到了！”徐特立的乐观幽默，激励着每一个人，使大家的旅途的劳顿轻松了许多。

经过四十多天的长途颠簸，徐特立一行于11月12日到达法国的马赛。华法教育会的一些人亲自到码头迎接他们。当教育会的接待人员看到像徐特立这样年龄大、声望高的人也来法国勤工俭学时，大家都惊叹不已！徐特立住定之后，主持华法教育会的李石曾单独约见了他。第三天，毕业于湖南第一师范的学生肖子升特地请自己的先生写了一篇为何来法求学的文章。面对自己的学生，徐特立以坦诚的笔调，写下了《留法老学生之自述》。此文被刊登在华工杂志上，给在法的华工以极大的鼓励。而后，这篇文章还被国内的一些中小学选进了语文课本。

初到法国，首先要过语言文字关。为此，徐特立进入了专为中国留法学生开设的木兰省立中学的法文补习班。在中国留学生中，徐特立的学生很多，大

四十多岁的徐特立赴法勤工俭学在工厂劳动的情景。

家对先生要到中学里去当学生感到过意不去，纷纷帮他出主意，筹划给他找个比较舒适的学习环境。对此，徐特立在《留法老学生之自述》中，表明了自己的心迹：

又有一些人要我另外请人教法文，或者比学校要自由些；并且湖南有学生一百人，不久还有人来，华法教育会正要明白湖南情形的人做湖南学生的事情，何不在外面住，为公为私，两两便当。我听了这段话，很以为然。但是我到法国来，原要学法国学校的规则，好回国用；不住学校受先生管束，未必学得好。并且我年纪太大，大家对我有尊敬的意思，不好的习惯，人家都不肯当面说，住在学校中或者可以慢慢学好。因为这样，我就进了法国木兰省立的公学。同学的均是少年有为的，并且有在湖南时的旧学生，内中有熊言吾君，须喊我做太老师。今日与他同学，岂不降了两级？又还要向他学法文，变太老师做学生，不可耻吗？但我想一想，从前没有学问的时候，当了老师同太老师，自高自大，还要得人家的学费，还真是可耻！如今到了法国，法文一字不识，还要自高自大，怕失了旧资格，不更加一层可耻吗？今天只要学生不嫌我老大，肯教我法文，我就算年老，也是一个进步的老人。五十岁后，我也是一个有学问的新人物，到死的时候，学问还没有老朽，还同有学问的少年讲得来，那时候的畅快，都要从今日耐烦耐苦做起。[1]

实际上，徐特立在法读书期间，一直坚持和同学共同生活，模范地遵守一切制度。罗西纽斯老师比他年轻，但是，他仍对这位年轻的老师十分敬重。这位教师既看重这位“老学生”，又关怀每一位中国学生，同时，还嘱咐服务人员要照顾好中国学生的生活。

---

[1] 武衡、谈天民、戴永增主编：《徐特立文存》（第1卷），广东教育出版社1995年版，第21页。

然而，对一个四十三岁的人来说，从头学法语谈何容易？徐特立开始时有点性急，一天学五六个单词，刻苦背记，但是，过了一夜，全忘光了。于是，他想还是用他那“务得而求多”的老办法来对付法文。他算了一笔账：从“今年学起，到五十岁还有七年，一天学一字，一年可学365字，七年可学2555字，到了五十岁时，岂不是一个通了的人吗？若一天学两字，到四十六岁半可以通读。我纵愚蠢，断没有一天学一字两字也不能的”[1]。

熊信吾回忆说：那时他同徐特立先生同住一个房间。“一天晚上，我睡得正香，只听见一阵‘嗦、嗦、嗦’的声音，我还以为是回到了故乡，谁在赶狗呢。起来一看，原来徐老在睡梦中念着‘石灰、白菜、热’。这三个单词在法文中读音相近，难以区分。新中国成立后，有次讲起这个故事，还笑着问徐老：‘你那石灰、白菜、热三个法文字，分得清楚了吗？’徐老深有感触地说：‘读书不用功夫不行啊！我那个熟读、熟写、熟背的方法可真好！’”

徐特立凭着惊人的毅力，只用七个月就基本掌握了常用法语，可以进工厂做工了。

然而，在法国找一份勤工俭学的工作并不容易！不但工作难寻，生活条件也很差。徐特立首先来到法国南部的圣侠门钢铁厂，一边做工，一边自学，还兼替中国工人做饭。入厂之前，厂里贴出公告说有一位中国的老教授要来做工，引起了全厂的注目。徐特立做工认真、一丝不苟的精神，完全像一个徒工，人们不禁肃然起敬。连平日傲慢的法国工头，也被他的人品所感动，对人和蔼了许多。徐老七十寿辰时，李卓然给徐老的祝寿词中写道：“四十有六学钳床，陶钢凿铁赛同行。”他在附注中解释道：“1922年徐老在法国圣侠门钢铁厂，他与我辈青年小伙子学钳工常不服输，一时传为佳话。”[2]

---

[1] 武衡、谈天民、戴永增主编：《徐特立文存》（第1卷），广东教育出版社1995年版，第23页。
[2] 李卓然：《祝徐老七十大寿》，转引自徐禹强、徐文浩主编：《万世师表徐特立》，中国档案出版社1998年版，第35页。

他给老朋友姜济寰的信中说：

弟于七月十五日离（木兰）中学校……到里昂附近Slasht（里昂）Chanent（沙朗）地方一个工厂当学徒，目前伙食也需自备，一二月以后如无钱给我，将另择一厂。一日做工六时，上课二时，寄宿舍距工厂约二三里，一日往返四次，费一小时余，归舍做饭吃饭，尚须一二时，晚间要预备法文，无片刻暇，写信需待星期日，往往有团体事在星期日开会，更觉忙迫。……弟本拟暑假译教科书及记录法国中小学校状况，无钱租屋，遂中止。[1]

留法之后，有人问他将来学什么，是不是打算回国之后教授法文。他在《留法老学生之自述》一文中坦然地回答了这一问题：

1923年，徐特立（前排左一）在法国勤工俭学时留影。

[1] 武衡、谈天民、戴永增主编：《徐特立文存》（第1卷），广东教育出版社1995年版，第32页。

单学法文回国当法文教员，还同以前一样靠口舌赚钱，何必万里到法国呢？我前年在湖南高等师范讲教育，一点钟银洋三元，一日可赚十八元，折成法郎，一日可得百二三十法郎；今年在省立第一师范，也有一元一点钟，何必到法国每日八小时赚四五法郎呢？我今又想起从前所赚的钱，真是冤枉，日日讲空文章，赚大钱。听得作工的劳苦，又没有讲空文的赚得多，大家都不愿作工，使国家工业不发达，都是我们当教员讲空文的罪过。今日当悔从前的过错，不可再做赚冤枉钱的思想。[1]

这大概是他到法国以后对中国当时落后的状况发出的第一次感慨，也是对中国历代所倡导的“万般皆下品，唯有读书高”遗俗的深刻批判。由此，也可以看出他留学的初衷并非仅限于知识的学习，而是考察法国的教育和社会，从而改造中国，到达“教育救国”的目的。这从他给姜济寰的信中也能够得到说明。

法国留学，给他印象最深就是：

法国人民尚平等自由，现在华侨协社之号房，原系学校教员，待工作之留学生，多与之学法语。以人师为工役，以工役为人师，两无意见，平等之精神，即此可见。……一到法国，觉无所谓总统，无所谓平民，无所谓黑奴，无所谓文明种族，同为人类，同为一家也。[2]

徐特立认为法国社会之所以出现这种平等自由的氛围，主要是法国教育发达的结果。留法期间，他通过信件把对教育、警察、道路、森林等各个方

[1] 武衡、谈天民、戴永增主编：《徐特立文存》（第1卷），湖南人民出版社1995年版，第20页。
[2]《徐懋恂致朱剑凡书》，转引自陈志明：《徐特立传》，湖南人民出版社1984年版，第65页。

面的考察，通过书信写给当时的好友、新任湖南知事姜济寰，希望姜在自己任职的湖南家乡范围内，依照法国的模式试办，以此作为改造社会的验证。作为一个有着十几年实际办学经验的教育者，他依据自己对法国教育的观察，认为在小学的各科教学中，法国“数学最重几何，初等小学，九岁即学几何。因该科于日常用处极多，用实物教授，亦易明了。工业国家，几何是人民常识，到处遇着此物，所以易于学习。我国欲望此科学之进步，非设多数之工厂，无希望也。……数学一科与图画手工物理，均有极大关系。特立欲习此科，非欲成一数学家，不过从此预备研究科学也”[1]。

留法勤工俭学对于他回国后从事教育实践改革，起到了重要的支撑作用。他赞赏陶行知的“教学做合一”，办学中善于将理论和实践结合；执掌延安自然科学院时提倡“教学、科研和生产的结合”等教育理念，都与他留学法国时的考察不无关系。

1924年徐特立（前左四）留法回国前在巴黎留影。

[1]武衡、谈天民、戴永增主编：《徐特立文存》（第1卷），湖南人民出版社1995年版，第23页。

四　教育界的“长沙王”

从做塾师入职的徐特立，对教育倾注了无限的热情，奉献了毕生的精力。在他从事教育的生涯中，师范教育和普及教育是他最为重视的教育形式。这不但出于他对教育事业的深深热爱，也基于他对“教育救国”所报的期望和善意理解。在仕途与塾师、为官与为师之间，他听取了自己的心灵呼唤，选择了自己最喜欢的教育事业和教师职业。当他岳阳会试榜上有名之时，还能够自动放弃；而当辛亥革命胜利，他高票当选湖南省议会副议长时，他却主动辞职。他认为，在当时的社会，政府总是坏的，革命党做了官就要叛变。他还是回到了教育界，决心用教育来改革人心，变成一个“教育救国者”，成为了“教育界的长沙王”[1]。

---

[1] 湖南长沙师范学校编：《徐特立文集》，湖南人民出版社1980年版，第108页。

长沙办学时的徐特立（画像）。

献身师范教育

徐特立在《六十自传》中说："(我)一生的职业与事业都是教书。从蒙馆、初小、高小、中学、师范，一直到高等师范，我都任过教员。在高等师范当教员时也没有脱离小学职务，因为我爱小学生。"[1]由此可见他对普通教育事业的钟爱。徐特立亲身举办过各种形式的教育，并担任领导职务，从梨江高小、到延安自然科学院，从普通师范学校、女子师范学校，到苏区的扫盲学校、群众教育和干部教育，所到之处，无不受到师生们由衷的敬佩和深深的爱戴。

重回教育界的徐特立，担任了长沙县第一高等小学校的校长。此时，他的好友姜济寰正在担任长沙县首任知事。姜济寰决心励精图治，致力于长沙的教育改革，大力兴办新式教育，以取代各地的封建私塾。他找到徐特立商谈自己的看法，认为当时长沙教育改革的当务之急，是把新的教育思想普及开来，向国民传播近代先进的科学思想和基本的科学常识，把无益于国计民生的旧式教育的余毒从私塾教育中清除出去。因此，他认为需要在长沙建立1000所新式小学才能达此目的。

然而，这近千所小学所需的新式教师到哪里去寻找？在当时

---

[1] 武衡、谈天民、戴永增主编：《徐特立文存》（第1卷），广东教育出版社1995年版，第143页。

的长沙，除了一所属于高等师范性质的优级师范学堂，一所为全省培养小学教师的中级师范学堂外，真正能为长沙市、长沙县培养小学教师的，只有周南女校的师范部和其他一些示范速成班。这些学校每年的招生不及百人，根本无法满足新建小学所需的大量师资。

于是，在长沙县举办师范教育，迅速且大量地培养小学教师的任务就摆在了徐特立的面前。看到好友为长沙的教育改革心急如焚，他毅然挑起了创办新式师范这副重担。筹建之初，徐特立修整了善化学宫的破烂房屋来解决校舍；变卖了湘岸榷运局的硝磺，筹集到了最初的办学经费。经过几个月的奔波，1912年，学校正式开学。这所学校，就是后来声名远播的长沙师范学校。它首期招生六个班，共300余人。在学制设置上，有五年制的两个本科班；两个学制分别为一年与半年的讲习科班；两个学制六个月的二部讲习科班。这样，暂时解决了长沙县当时教师的短期急需与长期培养的问题。

长沙善化学宫遗址。

为了使学校的规模继续扩大，徐特立打算将学校迁往一所永久性的校址。为此，他跑遍了长沙城，选中了荷花池的洳

长沙荷花池泐潭寺20世纪80年代的教学楼。

潭寺。校址选定后，由长沙知事姜济寰行文，将其划拨给长沙师范学校，同时，还拨给学校一笔办学经费。就这样，经过半年多不遗余力的苦心经营，长沙师范学校终于在美丽的荷花池畔建立起来。

徐特立在送给首届学生的《毕业歌》中高兴地畅想到：

休夸长沙十万口，子弟不教非我有。
十八乡镇半开化，少数通人难持久。
莫谓乡村阻力多，树人收获金如斗。
大家努力树桃李，使我古潭追邹鲁。[1]

[1] 陈志明：《徐特立传》，湖南人民出版社1984年版，第36页。

徐特立在长沙师范任校长期间，极其重视根据长沙当地学生的实际，不拘一格地培养人才。在与学生接触的过程中，时刻体现着老校长对弟子无私的关爱和对教育无限的热忱，体现着老教育家“以学生为本”的先进教育理念。他爱护学生、关心学生的感人故事，在长沙师范的毕业生中代代流传。

徐特立十分重视对家境贫苦的学生教育问题。在他长沙师范的学生中，既有贫寒的铁匠，也有退伍的军人，更有买不起书籍、出身贫寒的农家子弟。然而，但凡年轻人上门求学，并说明自己的学习目的，总是能够得到徐特立的帮助并被破格录取。正如他在《留法老学生之自述》中所说：“我平日里最喜欢贫苦学生。我在长沙师范当校长，收了一个打铁的学生，姓黎名升洲。毕业后在浏阳高小当教员，很能耐苦。另外，还收了一个退伍的兵，姓廖名奕。”[1]

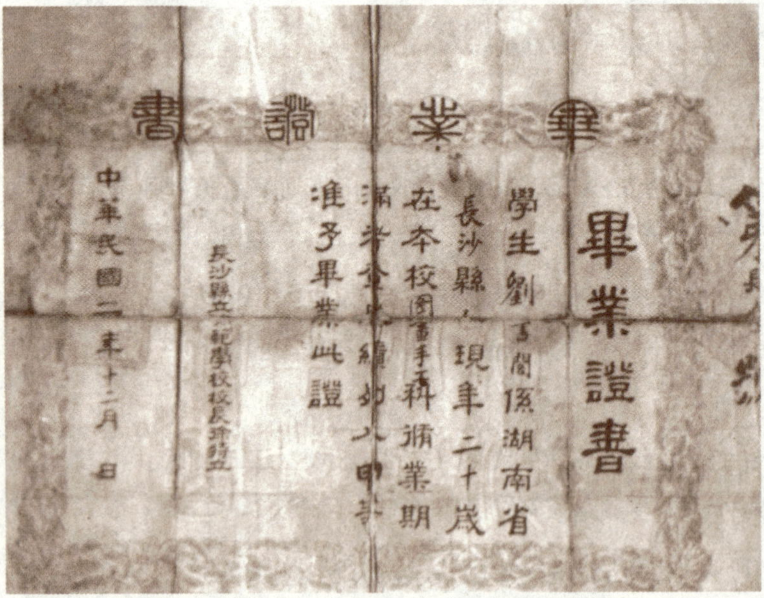

1913年长沙师范学校颁发的毕业文凭。

[1] 陈志明：《徐特立传》，湖南人民出版社1984年版，第36页。

徐特立之所以以自己的这两位学生为自豪，是因为他做出了令许多自诩为教育家的人所不愿也没能够做到的事情。他所说的退伍兵廖奕，当年入校前只认识两三百字。然而，当他向徐校长说明自己的读书“志向”，并要求学校破格录取时，得到了徐特立的赏识，果然被“破格”录了。廖奕入校后学习十分刻苦，进步也很快，后来还跟随徐特立到法国勤工俭学。回国后在长沙自办工业，没有辜负徐校长对他的殷切期望。而另一个学生黎升洲，当年是个铁匠，几乎大字不识几个。在徐特立的指导下，他先到湖南军械厂做徒工，并在做工之余补习文化知识。经过半年的进修补习，被录取到长沙师范学校

湖南省立第一师范学校，1913～1919年徐特立曾在此讲授修身、各科教学法等课程。

徐特立编写的《小学各科教授法》，当时，湖南省立第一师范学校用它作为教材。

学习。后来黎开洲成了湖南省著名的优秀生物教师。[1]

在长沙师范任教时，徐特立总是根据学生的兴趣和特点，不拘一格地选拔和培养人才，真正做到了因材施教。例如，他允许田汉等学生别出心裁地试办“窗户报”；为爱读书却买不起书的穷学生“付账购书”等等。这些都是学校教育中前所未闻的现象，实现了学校教育的创新。因此，长沙师范培养出了诸如我国著名剧作家田汉等一批优秀学生，为长沙的普及义务教育做出了不可磨灭的贡献。

据徐特立自己称：“长沙的教育，民国八年（1919年）以前，差不多都是我一手创办的。不独创办了男女两个师范，而且创办了教员训练班。一周的、一月的、三月的，各种各样的都有。”长沙一共八百所小学校，所有教员都是经他在短时期内一手培训出来的。因此，他有理由自豪地说：“在长沙教育界我

[1] 陈志明：《徐特立传》，湖南人民出版社1984年版，第37页。

应是‘长沙王’。”[1]

20世纪初叶的中国，各类教育大部分都是为男性举办的。女子教育与女子师范教育还没有得到普遍认可。在宣传女子教育、创办女子学校方面，徐特立同样是一位积极的开拓者。

倾心女子教育

在中国长达几千年的封建统治中，女子教育是受到压制和不被重视的。但是，有胆识、有眼光的志士却在封建的制度之外，尝试创办女子学校，对占人口半数的女性实施教育，开近代女子教育之先河。早在1903年，湖南候补知县龙绂瑞、留日学生俞经治、胡元琰等人在湖南创办了第一所民办女子学校——“民立第一女学堂”[2]，开始招收女生。此校除体操课教师一人为男性外，教师全部为女性。但是，办学不到一年，却被清廷以“男女混杂、流弊兹多”为名封闭了。此后，1904年曾光镛在长沙开办的“淑慎女学堂”，以同样的原因夭折。

然而，清末封建顽固的势力并没有动摇仁人志士举办女子教育的决心。徐特立和朱剑凡就是其中敢于逆顽固势力、开湖南女子教育风气之先者。

朱剑凡是大革命时期的国民党左派党员，倾向于共产党。大革命时期，他奔赴上海参加了共产党领导的地下工作，是中国共产党的亲密朋友。在创办女子教育方面，他与徐特立有相同的志向，对女子教育都寄予厚望，并倾注

[1] 湖南长沙师范学校编：《徐特立文集》，湖南人民出版社1980年版，第108～109页。
[2] 陈志明：《徐特立传》，湖南人民出版社1984年版，第30页。

周南女子中学旧址。

了财力与心血。1905年5月，朱剑凡毁家兴学，将自己在宁乡的田产与在长沙城里的宏大宅地一并捐献，创办了“周氏女塾”，并聘请徐特立来女校任教，试图借助他的学问道德，扩大女校在长沙教育界的影响，以促进当地的社会进步。当时，徐特立正执教于梨江高等小学校，并在此校开设了女子班。徐特立的两位好友何雨农和姜济寰知道周南女校欲聘徐特立的消息后，二人当即都表示理解，并赞同他前去赞助女子教育。因此，徐特立离开了自己创办的梨江高小，欣然受聘于周南女子学校，以实际行动表示自己对女子教育的支持。徐特立受聘到周南女子学校后，不但亲自教授了多门课程，还大胆改革，破除了女校的陈规陋习，使学校得到快速发展。

当时，在徐特立执教的周南女塾，男女界限极为森严。男教师给女学生上课不许面对面，要在讲台前挂上帷幕以做遮拦，名曰“垂帘施教”。针对这种陋习，徐特立到校后极力破除，此后女校再没有出现“垂帘施教”的现象。

徐特立在女塾任教时，不但教授国文，还兼任地理、历史、数学和化学等课程。他渊博的学识、认真负责的态度，深受本校师生欢迎，也吸引了其他学校，聘用他兼课的学校络绎不绝。

徐特立的教学改革为周氏女塾赢得了声望，前来求学的女性日益增多。为适应女子教育发展的需要，1910年7月，学校更名为“周南女子师范学堂”，并设师范部、中学部、小学部及幼稚园。朱剑凡任校长，徐特立任师范部教员兼小学部主事。徐特立对女子教育的期望，可从他与好友、同在此校任教的国文教员黄厘叔共同为女校所写的校歌中体现出来：

地处长沙，山环水重深深锁。女校修明，应推先进周南我。毁家兴学，蒙难开基，创出文明母。到如今，三湘七泽有蜚声，郁郁、欣欣、芬芬、馥馥如花朵。同学们，精心学业，精心学业。发放我历史之光荣，效忠祖国，效忠祖国，荣获光荣果。[1]

徐特立对于女子教育的倾心，还表现在他对欧洲教育的自觉考察之中。在留法考察教育和勤工俭学之时，他心系湖南，并以书信的形式，阐述了自己对于湖南教育及女子教育的主张，督促当时在湖南任知事的好友姜济寰加以实施。在信中，他对湖南的普及教育和女子教育都提出了自己的主张：

在湖南教育改革方面，教育程度不必高深，普及最要；足下仍须用民国元

---

[1] 陈志明：《徐特立传》，湖南人民出版社1984年版，第21页。

年之精神，极力提倡！

长沙师范须办两年毕业之讲习科，收高等小学毕业生，不收学膳费，科目注重算数、几何（平面）、理科、国文；本科生有经费，一年招一班可也，如无经费，不如暂停。惟讲习科为目前万不可少者。

学龄儿童，须强迫入学，女子尤其注意！然迫令读书四年，或有难能，则年达十岁以上者，必须强迫读书两年；书籍及其他费用一律免收。女子补习学校，宜从速设立，一年或半年毕业，俾成年女子，略施之无，可以做工，可以经商；程度稍高者，可以办公。法国无衙署、无公司、无工厂不有女子做工，女子管账。女子胆小，不敢舞弊；女子心细，不致潦草；女子好静，不致旷职。我等在法国办护照，遇着男办事员往往有官派，稽延时日，至误行期；遇着女办事员，只要言语恭维得当，即可办好。特立深信女子可用也！”[1]

回国后，徐特立除在广州、上海作短暂停留，并向教育界报告西欧各国的教育情况外，便马不停蹄地回到长沙。他决心从湖南做起，实施自己“以教育促进社会改革”的理想。

徐特立一到长沙，便受到长沙教育会熊瑾玎等人的热烈欢迎。他利用各种集会场合，向湖南教育界的同仁宣传法国社会的政治与风俗，尤其是“义务教育”的状况。此间，他婉拒了广东大学校长邹鲁的聘书，谢绝了在大学当教授的机会，开始了根据湖南各地实际需要举办师范教育的艰苦实践。

徐特立留欧回到长沙后，于1924年7月，又成功地创办了长沙女子师范学校，开辟了湖南师范教育的另一块新天地。1926年10月，长沙女子师范学校并入长沙县立师范学校。

长沙女师的创办，起因于一群因投考长沙省立第一女子师范学校而未被

[1] 武衡、谈天民、戴永增主编：《徐特立文存》（第1卷），广东教育出版社1995年版，第33页。

录取的女生。出于对女性求学心切却无门投考的同情和理解，徐特立在“白手起家”的情况下创建了此校。学校的创办看似有些仓促和偶然，然而，仔细分析学校创办前后的情景，却能发现这是徐特立钟爱师范教育和女子教育的真情和大爱使然。

长沙女子师范学校的办学经过是这样的：1924年暑期过后，徐特立移居长沙县教育会后的一天，一群乡下女生因投考省立第一女师未被录取，便来教育会找人诉苦。徐特立接待了这群素不相识的青年，并听取了她们的苦衷，而后毅然答应创办一所女子学校，以解决她们的入学问题。第二天，徐特立便在长沙县教育会的一间空房里设立报考登记处开始招生。没几天，报名者竟达百人之多。

一没校舍、二没经费，如何开学呢？在困难面前，徐特立总能够想到办法。他利用自己在教育界的声望，首先在长沙师范学校租来教室；又从其他学校借来破旧的黑板、课桌椅和教具等；还找到了一些朋友和学生，利用借贷、募捐等方式筹集了最初的办

1924年徐特立留影。

学经费。办学的基本条件具备后，徐特立自任校长、教员兼杂役，除教学和管理工作外，他亲自摇铃、扫地。其他的教员，多是靠他在教育界的好人缘找来的。这些兼课教师大部分只教课，不拿工资；只有个别老师拿很少的津贴。就这样，在徐特立的筹备下，学校很快开学，除一名厨工外，学校没有勤杂人员，开班之后也一切从简，许多事情都是徐特立带领学生自己解决的。开学半年之后，徐特立将原来只有一层教室的房子改为两层，陆续办起了图书室和阅览室。图书室的图书，都是他从各校募捐而来，教学仪器也逐渐充实。为了借钱还债，除夕夜徐特立还在外面奔走。不了解实情的人还以为校长请客吃饭去了。而当在校的学生看到校长大年夜还为他们奔波，晚饭只吃白开水冲泡的白米饭时，同学们异常感动地说："这是徐校长的特别年夜饭！"[1]

长沙古稻田省立第一女子师范学校。

[1] 陈志明：《徐特立传》，湖南人民出版社1984年版，第71页。

在徐特立的带动下，长沙女师在当时成了进步的革命女校。大革命时期，徐特立坚持“读书不忘爱国，爱国不忘读书”的主张，勉励师生积极进步，使这所学校革命气氛异常活跃，师生中出现了周以栗、陈昌、罗雪赞、曹典琦、黄颐、刘英、黄后纯、朱近等二十多名共产党员，许多人成了革命运动中勇敢的战士。在校的女生剪陆军圆头，走路别具风采，出门上街办事，大家都能够辨认出来。这使女师的学生成为长沙城内一道亮丽的风景。

除了担任长沙女子师范的校长，徐特立还兼任长沙师范学校和省立女子师范的校长工作。1925年2月到1927年2月，徐特立兼任湖南省立第一女子师范学校校长，此时，他结合各校的实际和外出考察的经历，在三校不同程度地实施改革，使这三所学校在不同程度上都有所提高，为湖南教育改革奠定了基础。

省立女子师范坐落在长沙城天心阁下的古稻田，又被称为“稻田师范”。徐特立来校前，学校由于管理不当，诸事废弛，师资欠缺，纪律涣散，学生成绩不佳。徐特立到校后借鉴欧洲的办学经验，结合当时的学校特点，进行了大刀阔斧的改革。他重组学校的领导班子，淘汰不称职的教员，废弃了一些陈旧的管理制度，建立起了化学实验室，实行温柔敦厚的诗教等等，形成了焕然一新的校风。经过徐特立两年的努力，稻田师范成为当时湖南省规模最大、学生最多的学校。

湖南省立第一师范女子学校与长沙女子师范学校是徐特立倾尽心力主持与精心任教的地方，也是他艰苦办学、苦心经营的典范。徐特立对女子教育的重视超出了他所在的那个时代，为中国女子教育与妇女解放做出了开创性的历史贡献。

施行诗教方略

1925~1927年，徐特立在任湖南省立第一女子师范（又称稻田师范）校长时，采取了很多改革措施，其中特别值得称道的是他所推行的“诗教”方略。他先后写出了百余首“黑板诗”，用以教育学生，称为“诗教”，这些诗总称“校中百咏”。“诗教”这种温柔敦厚的教育方式，如春风化雨滋润了学生的心田，起到了润物无声的良好效果。

徐特立喜欢写诗作对，早年曾作《书愤》和《言志》诗。而在稻田师范担任校长期间，从在此校任职起，但凡学生的优点或缺点，学校的布告或通知，他都喜欢用诗歌的形式记录下来，写在办公室前廊的黑板上，天长日久，便形成了他独具特色的“诗教”风格。那些简洁明快和通俗易懂的诗句，令学生读来朗朗上口，经久不忘。

身为校长，他每天早起读书备课、阅览报纸杂志，而后到黑板前赋诗作对，以告知学生。例如：

早起亲书数十行，格言科学及词章；
为便诸生一浏览，移来黑板挂前廊。

这首诗即直观地体现了作为校长的他每天早上的活动安排。

徐特立每天巡视全校，观察校园内家具摆放是否到位，教室门窗是否关闭，报纸杂志收纳是否规则。每遇学生浪费现象，他总是细心劝说，作诗教育，及时制止，并亲自示范校正。例如，他看到有些教师扔掉的粉笔头，便觉得可惜，自己便随手一一拣起，放在兜里，留作上课之用。有些学生看到后说他“小气”，他便趁机教育学生说，还可写字的粉笔头丢了实在可惜，这些粉笔头积少成多、积小成大可以节省不少办公费用呢！他还向学生说明勤俭节约的好处，教育他们从小应养成节约细小财物的习惯，并写了黑板诗来教育学生：

半截粉笔尤爱惜，公家财务总宜珍；
诸生不解余衷曲，反谓余为算细人。[1]

师生看后这首诗，便能够体谅校长的苦衷了。一次，几个学生因嫌学校伙食不好，故意到厨房甩碗出气，以泄私愤。他知道此事后，除了找学生谈话进行批评教育外，还专门写诗，以教育其他同学反思这种不良现象：

我愿诸生青出蓝，人财物力莫摧残；
昨宵到底缘何事，打破厨房碗一篮？[2]

人非圣贤孰无过，只怕当时不自知；
破碗重重置廊下，诸生一见应回思。[3]

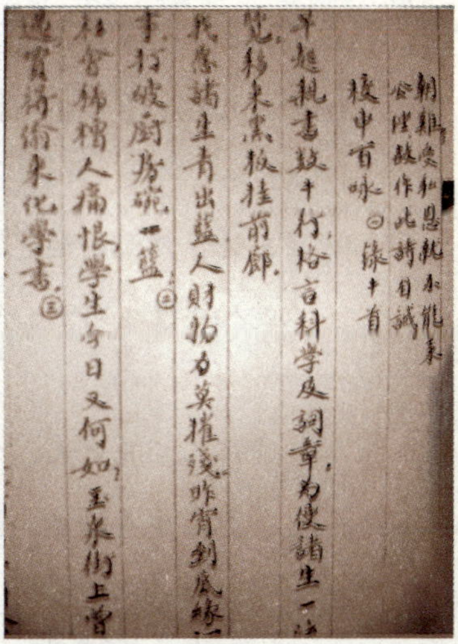
校中百咏
我愿诸生青出蓝，人财物力莫摧残，昨宵到底缘何事，打破厨房碗一篮。

徐乾整理的“校中百咏”。

[1] 武衡、谈天民、戴永增主编：《徐特立文存》（第1卷），广东教育出版社1995年版，第80页。
[2] 武衡、谈天民、戴永增主编：《徐特立文存》（第1卷），广东教育出版社1995年版，第79页。
[3] 武衡、谈天民、戴永增主编：《徐特立文存》（第1卷），广东教育出版社1995年版，第90页。

他认为，学校伙食不好，学生不应嫌弃不吃，更不应闹事相扰，他向学生解释，在大灾之年，学生应该体谅饭食来之不易。

今年曾经遇旱灾，莫将残饭等尘埃；
一棵蔬菜一粒米，都自农民血汗来。[1]

荒年百物都昂贵，师生均当共苦辛；
莫说饭菜吃不得，民间还有更苦人。[2]

这种苦口婆心、精细入微的教育，对于全校师生养成节俭朴素的习惯、体谅同情的人格是极为有利的。

为保证女学生的安全和休息，徐特立养成了夜间巡视的习惯。一次，他在巡视时，发现几个女生在厕所前路灯下，一边编织毛衣，一边聊天。于是，他十分心疼。怎么办？他除了劝诫，第二天还写了两首诗来教育学生：

东边奔跑到西边，厕所偷光把衣编。
爱人要紧我同意，不爱自己我着急。[3]

昨夜已经三更天，不仅打衣还聊天。
莫说交谈声细细，夜深亦复扰人眠。[4]

---

[1] 武衡、谈天民、戴永增主编：《徐特立文存》（第1卷），广东教育出版社1995年版，第86页。
[2] 武衡、谈天民、戴永增主编：《徐特立文存》（第1卷），广东教育出版社1995年版，第87页。
[3] 武衡、谈天民、戴永增主编：《徐特立文存》（第1卷），广东教育出版社1995年版，第81页。
[4] 武衡、谈天民、戴永增主编：《徐特立文存》（第1卷），广东教育出版社1995年版，第90页。

徐特立对学生的关爱细致入微，耐心周到，加上他发自内心、委婉感人的教育方式，在稻田女校，他赢得了“外婆”的雅号。

深恐同学失眠多，更深夜寒自巡逻；

身品不是女儿像，却听声声唤“外婆”。[1]

说起“外婆”的来历，这不仅因为他对女学生的关爱和体贴，还要从学校破格招收的一名怀孕女生说起。

按照当时稻田女师的校规，在校读书期间的学生不准怀孕，否则取消学籍。显然，学校也不招收孕妇。但是，年轻女子徐耀德由于早婚早孕，失去了读书的机会。一天，她来到稻田师范向徐特立述说了自己渴望读书的强烈愿望，但是，封建的家庭却极力阻拦，让她极为烦恼。徐特立听后冒着自己被撤职的危险，暗自招收了一心求学的徐耀德，并让她在校读书期间顺利分娩。此事在当时的湖南教育界一度引起了极大的非议。然而，“外婆”的雅号却在长沙城不胫而走，一时传为美谈。

1956年，徐特立回湖南老家探望。当有学生告诉他，徐耀德已经在湘潭做了教师，当年在稻田师范生下的那个孩子也已经成为国家干部时，徐特立欣慰地笑了。[2]

正是老校长身体力行、艰苦办校的高尚人格，感动着一些兼课教师来到稻田女师，即使不拿薪水或少拿薪水，都愿意在此任教。不过两年的时间，稻田女师便成为湖南省规模最大的女子师范学校了。

---

[1] 武衡、谈天民、戴永增主编：《徐特立文存》（第1卷），广东教育出版社1995年版，第88页。

[2] 陈志明：《徐特立传》，湖南人民出版社1984年版，第72页。

倡导“经师与人师”合一

徐特立终身从事教育事业，尤其注重师范教育与合格教师的培养。他认为，合格的教师越多，教育便越能普及和发达。但是，在如何才算作一个合格教师的问题上，徐特立主张教师应是“经师与人师合一”的。用他自己的话说：

教师是有两种人格的。一种是“经师”（因为中国过去教经书中的知识称经师，现在是教科学知识，为了容易记，所以仍袭用这个名称），一种是人师。人师就是教行为，就是怎样做人的问题。经师就是教学问的，就是说，除了教学问外，学生的品质、学生的作风、学生的生活、学生的习惯，他是不管的，人师则是这些东西他都管。[1]

在徐特立看来，教师应当是“经师与人师合一”的人，是有学问的模范人物。然而，由于教师的主要任务是传道授业，教师首先要成为“经师”，即具备扎实的科学知识功底，成为新知识的载体。从传承知识的角度，教师必须不断地学习以更新知识。因此，徐特立在四十三岁时，还敢于冲破世俗偏见出国留学，甘做“扶拐棍的老学生”。平时，他提倡“活到老学到老”，告诫人们不要成为停滞不前的“老朽”。

在徐特立看来，教师只具备扎实的科学知识是不够的，还必须具备模范的行为，做到言行一致，率先垂范，即他所说的“身教主义”。“我们的教学

[1] 武衡、谈天民、戴永增主编：《徐特立文存》（第4卷），广东教育出版社1995年版，第248页。

是要采取人师与经师二者合一的，每个教科学知识的人，他就是一个模范的人，同时也是一个有学问的人。”[1]他主张教师在教学生知识的同时，一定要关心学生的思想和生活，教师在教学中既要管教书，又要管育人，要以知识与人格两种力量影响学生。

在对待学生方面，他爱生如子，对学生关怀备至。担任长沙师范学校校长时，他给患有脚疾的学生亲自打洗脚水，并因此遭到长沙教育界部分人的讪笑。对此，他不但毫不介意，反而认为关心学生是教师应尽的职责。自己只是做了一点好事，却被某些人故意夸大了。[2]徐特立任长沙女一师校长时，不但教课，兼做行政事务，还兼任其他几个学校的校长。但是，为了女孩子的安全和健康，他一点也不放松对学校安全的关注。尽管在几所学校奔波，他仍然坚持每晚到宿舍巡夜。

在招收学生方面，他同情贫民子弟，并极力改善他们的处境。例如，铁匠黎升洲和退伍兵廖奕到长沙师范考试时，都没有达到被录取的资格。但是，徐特立经过对他们全面的分析和评估，却破格录取了他们，并最终将他们培养成为社会的有用人才。

在培养学生方面，他善于因材施教，因人而异地开发学生的才智，引导学生发掘潜能，帮助学生早日成才。田汉能够成为我国著名的剧作家和诗人，尤其得益于徐特立对他的精心培育。

田汉在长沙师范读书时，因家境贫寒，在校外经常被人欺负，他也经常因此与人打架。由于天资聪慧，他还常常以一些出其不意的“小点子”在同学中显示自己，引得同学效仿。一次，他和几个同学开玩笑时，即兴做了一些打油诗，贴在自修室的玻璃窗上，并戏称“窗户报”。这种做法引起了同学们的

[1] 武衡、谈天民、戴永增主编：《徐特立文存》（第4卷），广东教育出版社1995年版，第248页。
[2] 周世钊：《我们的师表》，转引自陈志明：《徐特立传》，湖南人民出版社1984年版，第71页。

长沙师范学校首届学生、后来成为著名剧作家的田汉。

好奇心与创作欲，窗户上贴的“诗作”越来越多。其中有些诗句——“特立狂涛骇浪中，宝剑血溅首云龙”、“黄竹村中鸡犬喧”等等，把校长徐特立和教师首云龙、黄竹村等人的名字嵌入其中。二位先生看后非常生气，他们认为这些学生是在故意戏弄老师，并图谋不轨。一气之下，他们到校长徐特立那里告状，要求处罚或训斥那些不尊敬师长的学生。但是，徐特立听后不仅没有制止，反而对学生的“创作”发生了兴趣。他认为“窗户报”是学生们创造性活动的体现，学生们喜欢写诗作文是好现象，这样既可以提高同学们的写作水平，又可以活跃他们的课外生活，拿老师的名字开句玩笑，没什么要紧。此后，徐特立还经常跟学生挤在一起阅读“窗户报”，并大力鼓励同学们办好此类报纸。他利用学生办报纸的热情，采用各种方法提高学生的写作水平，并将他们的思想引向正确的轨道。

一时间，校园内各种壁报、小报迅速创办起来。同学们三三两两地结合，举办了《晨钟报》、《晚钟报》和《祖鞭报》等报纸，发表了许多忧国忧民、抒发感情的时事评论、诗歌、杂文等。其中有激进的，也有守旧的。他们之间相互辩论，形成了活跃先进的教育气氛。

徐特立身为校长，白天忙于工作，晚上便手提灯笼把所有的"窗报"都阅览一遍，并从中挑选优秀之作，抄下来登在自己创办的《教育周刊》上。习作得以发表，这给了学生们极大的鼓舞。当时，学生的写作水平得到了快速提高，精神面貌也为之改善。看到这种积极上进的学风，就连原来反对"窗户报"的教师，也真心佩服徐特立一心为学生成才的良苦用心了。

对于家境贫寒却无钱买书的学生，徐特立发现后总是尽力相助。他了解到田汉等学生极爱读书，但是，他们却与自己年少时一样无钱买书。于是，徐特立便把自己买书的折子给了田汉等文学爱好者，让他们去书店挑选自己喜爱的书，把欠款记到折子上，而后他再为学生付账。"学生买书，徐校长付款"，徐特立的做法在长沙一师流传开来，令师生们钦佩有加。

在对田汉的培养上，徐特立尽到了伯乐的职责。田汉不但喜欢读书，还特别喜欢编剧，但是，看戏的门票太贵，自己无力支付。徐特立知道田汉的这一兴趣后，便带他去看戏、看话剧，并鼓励他大胆写作。田汉毕业后，徐特立又筹资帮助他去日本留学。田汉果然没有辜负恩师的厚望，归国后终于成了多产的剧作家。他也没有忘记恩师的培育之情，在徐特立七十岁寿辰时，田汉写了长篇的祝寿诗向徐特立道贺。诗的最后几行写道：

学生遍天下，春风无不被。

寒极暖亦近，雪深草弥翠。

海上举金尊，共为老人醉。[1]

徐特立伯乐识马、因材施教的教育方法在不同的教育阶段都有所体现。在任延安自然科学院院长时，徐特立发现一个十五六岁的学生，虽然在自然科学院学习，但对数理化根本不感兴趣，只喜爱写作。于是，徐特立想办法把他转到了鲁迅文学艺术院学习。在那里这个学生如鱼得水，潜质得到了极大的发挥。这位被徐特立慧眼赏识的学生，就是后来我国著名的文学家贺敬之。

徐特立认为，教育者只要善于发现，善于因势利导，使学生的长处得到发展，缺点得到克服，就算是成为有用的人了。

在对待学生的缺点、错误时，徐特立主张爱护学生，避免惩罚。他也不主张轻易处分学生，即使是学生犯了严重错误，不得不接受处分时，也要让学生认识了错误，认为应该处分时再做处分决定。他反对让学生不懂道理地盲从，主张要让犯错误的学生说话，与他们讨论，他认为盲从的学生还不如调皮的学生好一些。他提倡"培养国民，不是培养顺民"，这对于培养学生的自主意识与反思能力极为重要。长沙师范曾有一个学生因破坏纪律被校务委员会决定开除学籍，徐特立对此事总是心里不安。他找到学生谈话，教育他要认识错误。学生在他的开导下也确有悔改的诚意，于是他说服校务委员会收回成命，给了这个学生重新就学的机会。还有一次，一个学生因聚众闹事，被开除学籍。徐特立把他找回来批评教育之后，亲笔写信把他介绍到长郡中学继续读书，结果，该生在长郡中学成了一名好学生。

参加革命后，徐特立以说理感化和改造后进学生的思想更坚定明确。1946年7月20日，他针对有的学校任意惩罚学生的现象，专门给《边区教育通

[1] 田汉：《懋师人中圣》，转引自：《人民之光，我党之荣——纪念老院长徐特立从事教育工作110周年》，北京理工大学徐特立教育思想研究会编印，2005年，第30页。

徐特立任教过的长郡中学。

讯》写了一封“非惩罚不可吗？”的信件，在该刊发表。他在信中写道：

我们的教育是革命的教育，其目的是教国民不是教顺民，应罚对无理的服从及自己没有了解的盲从。一切纪律只是自觉的遵守，不是受到无理的外力压迫而遵守。因此，对于破坏纪律的学生，不是惩戒而是说服。说服的方法不是教师片面的注入，而是双方的讨论和研究。不是压下学生的坚强意志，而是增加对问题的进一步的了解，以正确的知识来克服无知的盲动。学生之不守纪律的原因，或者出于一时感情的冲动，事后常常自己忏悔；或者出于自以为合于真理，合于人情，坚持自己的意见。前者不必惩罚也可能自己认错，后者在没有把事情弄清以前，单独的加以惩罚，那么就只有两个前途：其一，就是无理的屈服，即盲目的服从；另一，就是更增加其不满，另找寻报复的机会。前者必使学生渐成奴性，后者必使学生更加蛮横不讲理了。惩戒方法以不用为是。

他还告诫教师：教育中运用惩罚的目的是爱护学生，切不可抱敌对态度把师生感情弄坏。对于学生的关爱与期望，集中体现在他给五美小学亲笔题写的校训——“勤、俭、公、实”中，通过简洁明了的概括，校长的渴望跃然纸上。对这四字校训，他自己的解释是：

这“勤”字，就是勤劳、勤快。我们在学校里要勤读书，在家里要勤劳动，做一个勤快的好学生。这“俭”字，就是节俭、俭朴。我们不论在什么时候，都要注意节约俭朴，不要铺张浪费，你们从小就要养成这样的习惯。这“公”字，就是公正，秉公无私，办事公道。一个人不管做什么事情，首先要考虑大家，不能只顾个人，养成自私自利。这“实”字，就是老实、诚实、真实。我们在读书劳动的时候都要老老实实，勤勤恳恳，不弄虚作假，不说谎，不欺人，长大了，不做伤天害理的事情。以上这些，你们都做到了，那就是一个好学生。[1]

徐特立认为家长对子女的教育，负有重大的责任。在五美高小的一次恳亲会上，他对家长们提出了恳切的希望和要求，并把家长的责任归纳为六个字，即“生、养、卫、管、教、用”。很久以后，还有人能记得他讲话的大概：孩子生下来以后，就要妈妈抚养，使他们健康成长。当孩子学会走路，能单独行动时，就要注意看护和保卫，不要发生意外。当孩子长大，对一切事物处于无知或半知状态时，就必须与学校紧密配合，让他读好书，明道理，学会劳动技艺，成为国家有用的人才。最后就是要使用得法，让他们找到正当的职业，无论种田、做工，或做其他的工作，都能发挥他们的聪明才智，于个人于社会

---

[1] 陈志明：《徐特立传》，湖南人民出版社1984年版，第41页。

1913年，徐特立利用自家的老宅在家乡创办五美小学。这是五美小学校舍（新中国成立后拍摄）。

有利。做到这些，才算尽到教养子女的责任。[1]

徐特立始终是身教、言教并重，言行、道德表里如一的模范。他要求教师、学生做到的，自己首先做到。譬如，他一贯艰苦奋斗，曾风趣地说："我平时过惯了简朴的生活，觉得只有简朴才能使精神愉快。我有一桩得意的事情，就是从来没有被扒窃过。因为我的房间里，没有皮箱、大柜一类值钱的家具，也没有精美珍贵的物品。发了薪金，我把钱随手放在网篮的破旧书籍中，扒手和小偷哪里能想到这些故纸堆里，会放着他们要扒窃的银钱呢？因此，我的钱从来没有丢失过。"[2]但那时人们笑他"傻"，还给他起了个外号叫"徐二镥锅"（湖南方言，"镥锅"即"补锅"）。毛泽东曾和同学周世钊议论过这个外号，毛泽东认为：

[1] 陈志明：《徐特立传》，湖南人民出版社1984年版，第41~42页。
[2] 周世钊：《我们的师表》，转引自陈志明：《徐特立传》，湖南人民出版社1984年版，第44页。

徐先生办长师，不顾利害，不怕困难，牺牲自己的一切，干别人不敢干的事情。这是那些自作聪明，善于算计的人所不肯做的，所以笑他傻。徐徐先生常把方便让给别人，把困难担在自己肩上，惯于摆烂摊子，顶烂斗笠；在没有一间房子，没有一个钱的情况下，居然创办一所规模不小的师范学校，这真有镥锅的精神。这种对他的讥笑，实际是对他的赞扬。[1]

徐特立是以一个严于律己的“经师与人师合一”的教师形象出现在他那个时代的。他不但以严格的标准要求自己，也以严格的标准培养教师、教育学生，以自己的言行躬行了理想的教师准则，成为为师者永远的典范。

[1]周世钊：《我们的师表》，转引自陈志明：《徐特立传》，湖南人民出版社1984年版，第45页。

五　革命运动中的教育家

身为教育界“长沙王”的徐特立，虽有“教育救国”的志向，但是，他的精神却总是苦闷的。自辛亥革命以后，军阀混战，民不聊生。国民党与共产党合作失败的事实更使他觉醒，单靠教育改革人心是不够的，只靠教育难以实现救国的愿望，因此，欲救人民出水火，必须找到新的出路。经过深刻的观察和思考，他认为国家和民族的命运只有掌握在先进的政党手中，百姓才能够真正获得解放。因此，当已过“知天命”之年的徐特立亲眼见到农民运动给当时的农村带来的巨大变化之后，他便亲身投入其中；在年过半百、革命形势异常危险之际，他加入了中国共产党，并毅然决然地参加了八一南昌起义。通过莫斯科中山大学的学习，其思想理论水平产生了新的飞跃。

1966年初夏，李维汉（左一）与周竹安（右一）一起看望徐特立。

投身农民运动

1927年是徐特立一生中的一个重要年份，是他人生方向发生重大转变的年份。其实，这种转变，在此之前就已经悄然开始。

徐特立赴法归国后不久，中共湖南省委组织部何叔衡，曾与徐特立有过一次推心置腹的面谈。何叔衡希望徐特立加入国民党并深入其中去改造国民党，促进国民革命。徐特立当时说："我在辛亥革命时曾参加过国民党，但自辛亥革命失败以来，看的事实多了，视一切资产阶级政党为狐群狗党，只求一党私利，只求个人升官发财，因此，不愿与之为伍，也就脱离了国民党。近年来，共产党崛起，都是青年有为的知识分子，且有彻底的革命性，我觉得自己已成老朽，思想自然跟不上去，没有资格加入，但我对共产党内的优秀青年是钦佩的。现在，你劝我参加国民党，一起来促成国民革命，我愿加以考虑。"[1]这次谈话之后，徐特立的思想发生了激烈的变化。

然而，促使徐特立真切地看清当时的社会变化，并从思想上彻底地与过去的改良思想决裂的事件，是1926年12月中旬，在湖南与当时考察农民运动的毛泽东的见面语与交谈。根据毛泽东的建议，徐特立于1927年春天回到家乡五美，仔细地考察了那里的农民

[1] 周世钊：《我们的师表》，转引自陈志明：《徐特立传》，湖南人民出版社1984年版，第82页。

运动。仅仅离开半年的他，这次回乡却看到家乡发生了根本的变化：

曾经横行霸道的地主由农民协会管理，流氓、烟、赌都不见了。过去政府禁止鸦片烟毫无办法，现在农民晚上开个会，男女老少一齐行动起来，马上就禁绝了。农会成立以后，法院无案可审，大小诉讼，农会开个会就公平解决了。混乱黑暗的社会经农民运动一冲洗，顿时呈现出一片光明，人们的思想也发生了深刻变化。

他的大儿子徐笃本，积极投身农民运动，并且加入了共产党，整天为革命而奔忙。徐特立自己创办的五美高小，也完全变了样，师生都踊跃参加农运，女学生全都把长独辫子剪成齐耳短发，与男学生一样参加斗争土豪劣绅。学校的教材增添了革命内容，自己写的《留法老学生之自述》被选进了语文课本……

他回忆道：

这时，我已教了30年的书，成了一个高级知识分子，在书本上没有见过妇女、儿童这样伟大。我也曾经在日本考察过，在欧洲留学过，在法、比、德等国，时间最短的住过三个月，长的住过四年，没有见过不识字的农民及其妇女儿童这样伟大。我下乡住一个星期，使我从十八岁到五十岁以来的思想整个革了命！我过去所崇拜的康梁和中山，比之有组织的农民对于中国革命的作用渺乎小矣！这时我做了农民的小学生……[1]

这次回乡的所见所闻，不仅使徐特立的思想产生了震撼，而且从某种程度上使他的一生为之改变。

徐特立以前坚信“教育救国”，把毕生的精力都花在了教育上，他曾说：“我是一个不愿参加政治活动，好埋头读书的人。由于外界压迫，政治黑

[1]武衡、谈天民、戴永增主编：《徐特立文存》（第5卷），广东教育出版社1995年版，第344~345页。

暗，就不自觉地加入了爱国运动。以为人民大众不愿参加爱国运动，是由于无知。救国的方法首先在于教育。我的俸金半数以上用来办学校，小部分用来帮助清贫学生，结果失败了。少数学生无法挽回国运。大革命时农民运动起来，我才知道教育救国是我三十年来的一种幻想。”[1]尽管他花费了巨大心血，不仅没有能够拯救国家于水火，反而眼看着祖国遭受越来越严重的侵略，人民依然生活在水深火热之中，他终于醒悟：“教育救国”的方法是行不通的，只有把帝国主义彻底赶出中国的国土，彻底摧毁反动的封建势力，国家才有前途，民族才有希望。从此，徐特立坚定地投身于农民运动中去，希望实现“革命救国”的目的。

回到湖南后，1927年3月，徐特立先后担任了湖南省农民运动协会教育科长和湖南农村师范农运讲习所主任等职务，还加入了国民党左派，被选为国民党长沙市党部执行委员兼工农部部长。他与李维汉、何叔衡、柳直荀、王凌波、朱剑凡等人一起，全力推进湖南的农民运动。

徐特立主持的湖南省乡村农民运动讲习所，与湖南省党校都是在共产党和国民党左派领导和支持下举办的，设在湖南省教育会坪东南边的旧贡院内，讲习所共有三百多学员。徐特立经常身着布衣草鞋，一身农民的打扮行走于长沙各乡镇，通过学生了解各自家乡农民运动的经验与问题，以丰富学员的学习内容。此时，他还担任长沙师范、长沙女子师范和稻田师范三所学校的校长，每天还要抽出时间巡视学校，有时忙得难以喘息。然而，他对农民运动的极大热情和对教育工作的热爱却使他工作起来身心愉悦，从不疲劳。徐特立对于农民运动的忘我热情，也感染着他任教的长沙女子师范的学生们。这些女学生头剪短发，经常结伴上街宣传革命，颇遭反对派嫉恨。正是由于徐特立的影响，这三所学校的师生，在支持湖南各界的工人罢工和民主运动中积极踊跃，

[1] 武衡、谈天民、戴永增主编：《徐特立文存》（第5卷），广东教育出版社1995年版，第344页。

湖南省农民协会遗址，徐特立在此举办农运讲习所。

涌现出了一批革命青年。在大革命失败后，这三所学校都被迫停办。

1927年4月12日，蒋介石在上海制造了震惊中外的"四一二"反革命政变。湖南省工农商学界各团体，先后举行了十余万人参加的反蒋示威游行大会。徐特立带领长沙师范学校等三校和农民运动讲习所的师生参加了大会，给反动派以极大的震动。当时，湖南省内部发生了明显的派别分歧，徐特立始终与朱剑凡、熊锦玎等国民党左派一起，支持李维汉、何叔衡、谢觉哉、王凌波等共产党人的言行，坚决支持孙中山的三大政策，驳斥国民党右派的恶行。

5月21日，许克祥在长沙发动"马日事变"，国民党公然屠杀共产党员、国民党左派及工农群众。事变之后，白色恐怖遍及湖南。徐特立的大儿子、年仅21岁的徐笃本，也在大革命失败时牺牲。此后，长沙等地的共产党员和工农群众，在极端困难的条件下坚持地下革命，同反动派开展了不屈不挠的斗争。

这次事变也波及湖南长沙女子师范学校。由于徐特立本人是一个进步人士，他平时热衷于参加学生运动，同情共产党，喜欢看共产党的进步书刊，因此，湖南师范学校的革命气氛很浓；加上学校聘请的教员中如周竹安、陈章甫、周以栗等都是共产党员，许多青年学生也参加了共产党。因此，事变直接波及徐特立本人。然而，由于徐特立在湖南教育界享有崇高的声望，反动分子不敢随便惊扰他，相反，他们还想拉拢、甚至贿赂他，希望他继续待在长沙，为国民党献力。但是，徐特立在长期的斗争中积累了丰富的经验，早已看透了反动派的真面目和他们的险恶用心。于是，他毅然决然地选择离开长沙，远走武汉参加革命。他宁愿过流浪的生活，也不愿意和反动派同流合污。

他首先转移到离五美乡15里的一个农民章德兴家里。白天与章上山砍柴，晚上秘密集会。他组织了一个由四五十个农民参加的梭镖队，与反扑的恶霸地主坚持斗争一个多月，终因寡不敌众，被长沙城派来的清乡军队打散。

离开长沙前，徐特立秘密地回家看望了妻儿，并叮嘱妻子熊立诚好好教育子女，坚持克服各种困难，办好家乡的五美高级小学。

徐特立在严酷的革命运动中，始终没有忘记教育，即使远离家乡，也对他创办的学校惦记在心。他所展现的职业革命家与教育家的精神，令人感动。

“人生五十始”

大革命失败后，徐特立并没有马上离开。他从家乡返回长沙后，住在长沙城的韭菜园，而后又转移到离城二十多里路的黎托，暂住黎尚瑾家中。在此，他遇到了曾在湖南一师读书的学生李维汉。

李维汉是中国共产党党员，曾任中共湖南省委员会书记。师徒二人相遇后，他们谈起了革命形势，李维汉问他是否愿意参加共产党，还告诉他湖南省委早就注意到他对共产党的态度，并曾指派在省委工作过的薛世伦与他联系。不知联系过没有？如果老师愿意，李维汉十分愿意做他的入党介绍人。徐特立听后十分高兴，他谈到了自己非常崇拜共产党，因为他看到共产党员都是积极向上的青年人，许多人不争个人名利，只为社会和人民的前途积极工作，而自己已是个五十多岁的老古董了，共产党组织哪能够接纳自己？与李维汉交谈之后，他解除了思想顾虑，毅然决然地加入了党组织，认为自己“真正获得了新生”[1]。从此，徐特立的个人命运与中国共产党的命运紧密地连在了一起。[2]

长沙东郊黎家圫黎尚瑾故居。1927年，徐特立在此巧遇李维汉，并经他介绍加入了中国共产党。

[1] 武衡、谈天民、戴永增主编：《徐特立文存》（第5卷），广东教育出版社1995年版，第345页。
[2] 武衡、谈天民、戴永增主编：《徐特立文存》（第5卷），广东教育出版社1995年版，第345页。

1937年徐老60寿辰，毛泽东在祝寿信里说：

当革命失败的时候，许多共产党员离开了共产党，有些甚至跑到敌人那边去了，你却在1927年秋天加入共产党，而且取的态度是十分积极的。从那时至今的长期艰苦斗争中，你比许多青年壮年党员还要积极，还要不怕困难，还要虚心学习新的东西。什么“老”啊，什么“身体精神不行”啊，什么“苦难障碍”啊，在你面前都降服了。而在有些人面前呢，却做了畏葸不前的借口。你是懂得很多而时刻以为不足，而在有些人本来只有“半桶水”，却偏要“淌得很”。你是心里想的，就是口里说的与手里做的，而在有些人他们心之某一角落，却不免藏着一些肮肮脏脏的东西。你是任何时候都是同群众在一起的，而在有些人却似乎以脱离群众为快乐。你是处处表现自己就是服从党的与革命的纪律之模范，而在有些人却似乎认为纪律只是约束人家的，自己并不包括在内。你是革命第一，工作第一，他人第一，而在有些人却是风头第一，休息第一，与自己第一。你总是拣难事做，从来也不躲避责任，而在有些人则只愿意拣轻松事做，遇到担当责任的关头就躲避了。所有这些方面我都是佩服你的，愿意继续地学习你的，也愿意全党同志学习你。[1]

陆定一也在《人民教育家》一文中给予高度赞扬：

1927年大革命失败，情况非常严重，许多动摇分子纷纷脱离了党，有的投降了敌人。当时，得到消息，说有一年已五十的湖南老教育家徐特立，却在这样的时候加入了共产党。这种消息，该是多么令人兴奋，多么令人增强对中国民主事业和共产主义事业的胜利信心啊！人民教育家徐特立同志，就这样对全党同志

[1] 毛泽东：《给徐老的信》，1937年1月30日《新中华报》。

上了第一课；困难时不要动摇，应该更坚决的奋斗，革命是一定胜利的。徐老给我们的教科书，就是他的入党。这本没有字的教科书，比什么教科书都好，也比什么教科书都重要！[1]

李维汉后来回忆道：徐老入党后，信仰十分坚定。他接受了党组织对他的信任与革命斗争的严酷考验。从此，他紧紧追随中国共产党的步伐，为人民的革命事业、祖国的解放事业和国家的教育与建设事业，贡献了毕生的精力。

“南昌一老兵”

徐特立入党后，与好友朱剑凡一起来到武汉。在一个旅馆里，他遇到了教育界的一个熟人。那人说革命已经失败，让他赶快离开，并给他一笔钱做旅费。徐特立十分气愤，并当场将钱甩了一地，并伤心地痛斥那人说：“革命成功的时候，多一个人少一个人无所谓，正是因为革命失败了，我们才得干，逃跑算什么？”说罢，他头也不回地走了。[2]

1927年春夏之交，国民党内的蒋介石集团和汪精卫集团，勾结帝国主义和大地主大资产阶级，在上海和武汉分别发动反革命政变，残酷屠杀共产党人和革命群众，使国共合作遭到失败。为了拯救革命，对蒋介石和汪精卫的大屠杀实行武装抵抗，中共中央于7月12日进行改组，停止了中央委员会总书记陈独秀右倾投降主义的领导。下旬，中共中央决定集合自己掌握和影响的

[1] 陆定一：《人民教育家——祝徐老七十大寿》，1947年11月10日《解放日报》。
[2] 熊锦玎：《革命老人徐特立》，转引自陈志明：《徐特立传》，湖南人民出版社1984年版，第90页。

1927年，徐特立参加南昌起义时的南昌城。

部分国民革命军，并联合以张发奎为总指挥的第二方面军南下广东，会合当地革命力量，实行土地革命，恢复革命根据地，然后举行新的北伐。李立三、邓中夏、谭平山、恽代英、聂荣臻、叶挺等在九江具体组织实施这一行动。然而，行动前他们却发现张发奎同汪精卫勾结紧密，并开始在第二方面军中迫害共产党人。他们随即向中共中央建议，依靠自己掌握和影响的部队，“实行南昌暴动”。据此，中共中央指定由周恩来、李立三、恽代英、彭湃等组成中共中央前敌委员会，以周恩来为书记，前往南昌领导起义。

在党组织的安排下，徐特立于7月28日来到南昌。此时，南昌各方力量云集，气氛异常紧张，国共双方都在争取江西省政府的地方武装。当时姜济寰是江西省代主席，在当地很有势力，也是国民党极力拉拢的对象。此时，能否争取到姜济寰的支持，对于起义事关重要。

姜济寰在辛亥革命后担任长沙首任知事，重视湖南的教育事业，曾与徐特立共同创办长沙师范学校，并结下了很深的私人友谊。五四运动时，姜济寰参与发起“俄罗斯研究会”，当选为俄罗斯研究会总干事，资助毛泽东等建立文化书社等革命活动，并先后担任国民党湖南支部评议员、湖南省议会议员、湖南省财政厅厅长、湘军总司令部秘书长等要职。北伐战争时，随军进入江西，初任江西财政处长，江西省政务委员会副主任、代主任。六七月间，江西省政府主席朱培德离开南昌，遂委托姜济寰代理其职。

徐特立与姜济寰有一定的交情，也深知姜济寰的为人和政治倾向。当他了解到革命需要姜济寰的支持后，便主动找到周恩来，把自己与姜济寰的私交告诉了周恩来。周恩来听后非常高兴，把争取姜济寰的重任交给了他。徐特

国民党江西省政府西华厅。1927年8月1日上午，南昌起义革命委员会在此成立，徐特立就任革命委员会委员和党务整顿委员会主任。

立当即给姜济寰写信说明了情况。姜济寰收信后，马上派人把徐特立接到自己的公馆。老友相见，非常高兴，徐特立乘机把自己对共产党的认识告诉了姜济寰，并推心置腹地要他审时度势，保持辛亥革命的精神，坚持进步。姜济寰被徐特立的真诚所感动，决心放弃高官厚禄，参加起义。姜济寰的坚定态度和积极支持，改变了南昌城内敌我对比的态势，致使起义前夕国民党江西省府首脑机关群龙无首，无力防备，为南昌起义，做出了重大贡献。

南昌起义后，姜济寰参加了新政权的组建工作，并受命担任重要职务。革命委员会任命姜济寰代理江西省政府主席，徐特立被选为革命委员会委员。3日，姜济寰以江西省政府代理主席的身份发布《江西省政府布告》，阐明了新政府对于时局的态度与立场。布告内容为：

国民党江西省政府旧址。

改造始自江西，原以攘除党贼，实行三民主义，遵行三大政策。武汉之与南京，背叛已同一辙。仗我中央委员，以及革命贤哲，并得二方面军，将士同心同德。毅然决然改图，守我总理遗则。赣省首承其麻，人民欣有喜色。凡属商学农工，务求各有安宅。中央代发江钞，毋得拒收短折。物价必求其平，以期军民相得。其他一切事宜，政府概当负责。力谋民众利益，实行应兴应革。贯彻本党主张，不与民众相隔。用特掬诚相告，其各努力团结。

这是南昌起义中发布的众多文告中仅见的一篇由江西省政府名义发布的布告，是一份十分珍贵的历史文献。它明确地宣传了中国共产党的政治主张，鲜明地反映了姜济寰当时的基本立场。在蒋、汪叛变革命的血腥时局，更彰显了这一基本立场的难能可贵。

福建长汀福音医院。徐特立在此养病时与陈赓相遇。

8月5日，起义军撤离南昌。起义的重要领导人方维夏和张国基仍回武汉工作，而徐特立则被任命为第二十军第三师政治部主任，随部队南征，转战于赣南、闽西和粤北等地。由于频繁战斗加上长途跋涉，徐特立病倒在长汀，住进了一家福音医院。在此，他遇到了身负重伤的三营营长，即后来的陈赓将军。徐特立和陈赓二人在医院都得到了时任院长傅连暲大夫的精心医治，而他俩乐观豁达和不惧病痛的英雄主义精神，也深深感染了傅连暲，对他走上革命道路，产生了积极的影响。

傅连暲后来回忆道："那时我才32岁，可是有时竟然想到：青年时代已经过去了。可是，当我站在这位年已半百、但还刚刚踏上新征途的共产党员的面前的时候，我觉得自己的想法太可笑了。同时，也有一种新的强烈愿望，在我的心中产生。南昌起义的伤员，有的不久就随部队南下了……陈赓同志带着没有痊愈的伤腿，徐特立同志带着他刚刚退烧的身体，都走了。可是，他们乐观、坚定的笑容，亲切、有力的话声，却在我心中留下了深刻的印象。"[1]

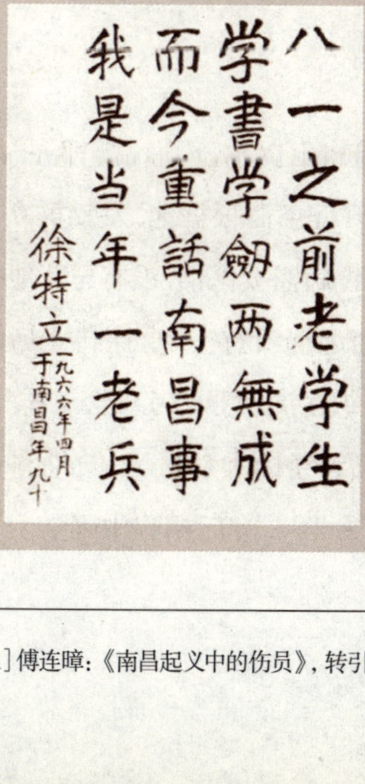

1966年，90岁高龄的徐特立重回南昌时所赋的诗。

[1] 傅连暲：《南昌起义中的伤员》，转引自陈志明：《徐特立传》，湖南人民出版社1984年版，第92页。

由于革命形势紧迫，徐特立只在医院进行了短时的休息和治疗，身体还未康复就带病出征了。然而，由于敌军的紧密围攻，几经周折转移之后，部队伤亡损失严重。最后，他接到组织通知，历尽千辛万苦，绕道广州、香港，最终到达上海与组织汇合。

南昌起义是徐特立参加革命征程的重要转折点，此后，他的名字便与共产党领导的革命事业紧密地联系在一起了。1966年4月，徐特立再次回到南昌。故地重游，望着熟悉而又陌生的景象，90岁高龄的老人回忆起当年参加南昌起义的峥嵘岁月，不禁感慨万千。他抑制不住内心的激动，写下了这样的诗句：

八一之前老学生，学书学剑两无成。

而今重话南昌事，我是当年一老兵。[1]

莫斯科进修

1928年，徐特立在上海接受党组织安排，拟组成由贺龙、周逸群、郭亮、柳直荀和他参加的五人领导小组，从武汉赴湘鄂西开辟革命根据地，发动群众，继续开展武装斗争。在汉口，由于他罹患严重的肠胃病需要医治，没有与其他四人同行，后因无法及时与贺龙等人联络，致使湘西之行没有实现。徐特立后来奉党中央指示，仍回上海继续养病，并参加了党组织在沪领导的互救会工作。

1928年5月，徐特立病愈后受组织委派赴莫斯科中山大学学习。莫斯科中山大学成立于1925年，又叫“孙中山中国劳动者大学”，专门招收中国学生，

[1] 陈志明：《徐特立传》，湖南人民出版社1984年版，第93页。

开设初级班与中级班。大革命失败后，我党的许多老同志如董必武、何叔衡、林伯渠、吴玉章、方维夏和徐特立等先后到此学习。出于对老同志的尊重，校方专为他们增开了一个高级班。

在莫斯科读书期间，这些老同志学习都很谦虚认真。尤其是徐特立的勤勉好学，给人们留下了深刻的印象。他不但刻苦学习俄文，对于马克思主义理论，更是深研细究，多方体会。在莫斯科参加党的第六次代表大会期间，他对中国革命的性质、任务和经验教训都产生了深刻的认识。他说：

那次大会主要是总结了第一次国内革命的经验，清算了陈独秀的右倾机会主义，并分析了当前的政治，规定了今后党的路线，发布了民主革命的十大革命纲领……不过我那时还新参加党不久，对党的一些政策和书刊上有关根本性、原则性的东西，特别是把马克思列宁主义的理论如何应用到实践中来，理解得并不那么深，因此，以后又经过一个阶段的学习，才理解到那次大会的路线，虽然基本上是对的，在党的历史上起了积极作用，但是这次大会对于武装斗争在中国的特殊意义、中国民主革命的长期性，还是认识不足，因此，对于革命失败，党在策略上所需要的退却，特别是需要把党的工作由城市转入农村这个关键性的问题，没有做出适当的决议，对于中产阶级——主要是民族资产阶级的两面性，以及反动势力内部的矛盾，也没有做出正确的估计，定出适当的政策。这是这次大会的缺点。另外，这次大会在批判了右倾盲动主义的同时，虽然也批判了“八七”会议以来的左倾盲动主义的错误，但是，并没有加以彻底清除，因此，会后党中央的领导工作仍然掌握在左倾盲动主义者手中，为党以及后来带来了很大损失。[1]

[1] 陈志明：《徐特立传》，湖南人民出版社1984年版，第99页。

苏联首都莫斯科。1928-1930年，徐特立曾在莫斯科中山大学特别班学习两年。

宁都小布红一方面军总部驻地旧址。1930年底，徐特立从苏联回国后曾在这里工作。

莫斯科的学习，徐特立认为是求之不得的机会，在此，他如饥似渴地系统地学习了马列主义的理论。他不仅系统地学习马克思主义的基本理论，还自觉地运用马克思主义的立场、观点和方法认识社会，也严格地运用这种辩证的方法解剖自己。他读了《联共（布）党史》民粹派一章后，就觉得自己还没有共产主义的脑筋，还是激进的小资产积极分子，不能够算是真正的无产阶级革命家。因此，他从自己的改名问题上来剖析自己，认为"特立"原意表示自己"特立独行，高洁自守，不随流俗，不入污泥"。经过反思，他认为自己的取名存在思想问题，他说："真正的无产阶级战士，为着改造污浊的社会，就必须深入各种社会，只应该要求自己入污泥而不染，而不是不入污泥！"[1]

莫斯科的学习，不但使他掌握了理论，还积累了在实际斗争中锻炼的经验。他以马克思主义修养与觉悟较高的何叔衡为榜样，推崇并自觉跟随他的政治主张。何叔衡认为，反托派的斗争不应当偏离方向，扩大打击面，伤害自己

[1] 周世钊：《我们的师表》，转引自陈志明：《徐特立传》，湖南人民出版社1984年版，第100页。

的同志，更不该捕风捉影，把同志间的意见分歧说成路线斗争加以打击。徐特立对这些观点十分赞同，并在此后的党内问题上保持了这种看法。因此，在王明推行左倾机会主义路线、在校内打击方维夏等老同志时，他与何叔衡旗帜鲜明地站在保护老同志的一边，使方维夏得到了他们许多安慰和帮助。

回忆在莫斯科中山大学这两年的学习生活，他总结道：这时期的训练是有益的，它使布尔什维克的思想意识在自己的脑筋中更加强化起来。

1930年，他结束了在苏联的学习回到上海。上海当时正处于严重的白色恐怖之中，党的许多机关遭到破坏，党内许多同志被捕遇害。徐特立被党组织安排在上海隐蔽一段时间，伺机到革命最艰苦、最激烈的地方——中央苏区去从事红色政权的建设。

六　苏区教育的领路人

徐特立虽然在年过半百之时毅然决然地参加了中国共产党领导的武装革命，然而，在任何时候，这位职业教育家也没有忘记自己曾经献身的教育事业。他对教育的信念从来没有动摇过；对教育在革命事业中的作用和地位的认识也未曾改变过。从中国共产党建立的江西第一个红色根据地，到雄关漫道的雪山草地，再到贫瘠的陕甘宁边区，到处都能够看到作为革命教育家的徐特立诲人不倦的身影，徐特立对于苏区平民百姓的教育所付出的心血和在长征途中对于干部战士所进行的特殊教育，值得所有的人们铭记。

长征中的徐特立（时年57岁）。

投入苏区教育

1930年，徐特立根据组织的安排，乔装打扮从上海绕道香港，从汕头经潮安，然后跋山涉水，昼伏夜行，经过一个多月的长途跋涉，终于到达江西瑞金，进入了他向往已久的红色苏区——中国共产党领导的中央革命根据地。徐特立一到那里，就很快见到了毛泽东和朱德同志。毛泽东用尊敬的眼光打量着自己青年时代的老师，用亲切的乡音爽朗地说：“徐老啊，我们又碰到一块来了！”徐特立激动地回答称是。而后，他对老朋友朱德动情地说：“朱老总，我又来做你的老兵了！”朱德听了，笑呵呵地连声说：“你不老，一点也不老！”又风趣地说，“要说你老，你也是个老怪物，你背叛了封建社会，又看穿了资本主义的西洋镜，终于一直跑到共产主义的营垒来了！”[1]

徐特立到达苏区的第一年，即1931年，主要跟随部队行动，向红军指战员学习军事知识，学习游击战术，并参加部队举行的训练班，以增长军事与政治素质。在三次反围剿之后，徐特立接受了管理和教育俘虏的工作。在给俘虏讲课的过程中，他运用马克思主义阶级分析的观点，分析他们受苦受难的根源，揭露国民党反动军队的罪行；宣传红军的纲领与红军战斗的意义，并用自己半辈子摸索救国救民道路、从一个乡间塾师成为师范学校的校长，

---

[1] 陈志明：《徐特立传》，湖南人民出版社1984年版，第99页。

并最终参加革命的经历，来说服教育那些俘虏兵。徐特立和蔼的态度、诚恳的分析和真实的感受，令许多俘虏深深地感动。不少俘虏此后要求参加红军，从此走向了革命道路。

在苏区，哪里需要人，徐特立就到哪里去。他曾担任青年团的宣传教育工作。有人笑问："你这么大年纪，做青年团的教育宣传工作，合适吗？"他笑着回答："怎么不合适呢？我还年轻得很，至少可以干上30年、40年。"徐特立活跃在农民和孩子们中间，帮助他们建立俱乐部，组织他们读书、识字、唱歌、绘画、出墙报、演戏等等，他还编写剧本、导演戏剧，为当地培养了一批宣传骨干和文艺队伍，在苏区赢得了"老青年"的赞誉。

作为一位职业的革命教育家，他不但积极履行各种形式的革命职责，他最用心的，还是思考苏区的群众教育问题。因为他与此地的群众吃住在一

红军指战员使用的军事课本。

起，感到他们最大的问题就是文盲众多，影响了工作效率。列宁曾经说过："在一个文盲众多的国度里，不可能建设社会主义。"这句话时刻提醒着这位职业教育家，督促他认真地思考应该如何因地制宜地发展苏区教育的问题。当战争停息、苏区的生产、生活环境相对稳定时，开展教育就成为了可能。三次反围剿之后，毛泽东委托徐特立起草了苏区扫除文盲的教育方案。

徐特立通过对于都、兴国、宁都和瑞金等县的调查，了解到那里的文盲竟达90%。他向毛泽东汇报了开展群众性的扫盲运动的办法，并起草了扫除文盲教育方案，提出："参加生产和参加革命工作都应当利用空闲的时间读书。识字最好的方法，就是同吃饭的、同睡觉的、同工作的人，从3人到5人，编成一个小组，用所有识字的人，教所有不识字的。就是用工作人员教工作人员，战斗员教战斗员，群众教群众，老公教老婆。在睡觉的时候，吃饭的时候，及一切闲暇的时间，个别来教。这样做法，可以不要教员，不要学校，不要课本，又不妨碍工作。"[1]毛泽东听后高兴地叫好说："这就是以民教民啊！"于是，在红军中，在苏区群众中，迅速掀起了群众识字运动的高潮。

与群众性的识字运动相结合的是徐特立所创办的小学和师范。前者主要为满足学龄儿童识字的需要；而后者则是为了培养更多的师资。

列宁师范是徐特立在苏区创办的师范学校。它办在一所破庙里，当时既无课桌，也无椅凳，一切都要从头做起。因为他此前所办的学校大部分是"白手起家"，在办学方面，徐特立从来不惧困难。他自己身兼校长、教员和校工几种角色，既管筹办，又管教学，还负责打铃、扫地、做零工等杂役。任课教师人手不够，他就利用自己的关系，主动请从苏联学习归来的林伯渠、李伯钊等人给学生上课。由于被他忘我的热情和真诚感动，凡是受到邀请者，谁都无法拒绝来学校上课。徐特立将所办的师资班，根据学生的程度分成不

[1] 徐禹强：《坚强的老战士》，内部资料，2003年，第33页。

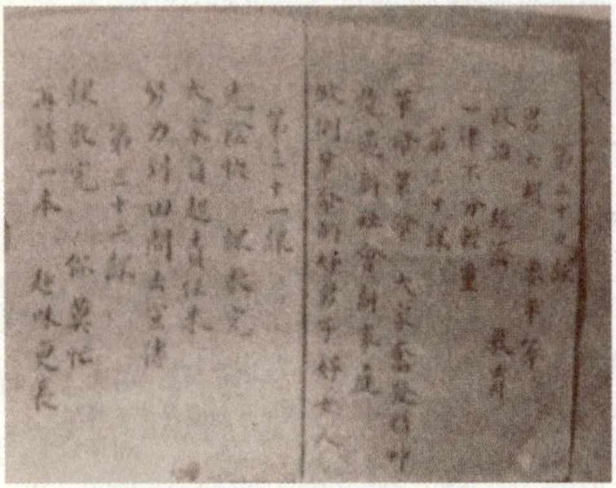

1932年徐特立为列宁师范学校编写的教材。

中央苏区农村夜校课本《工农兵三字经》。

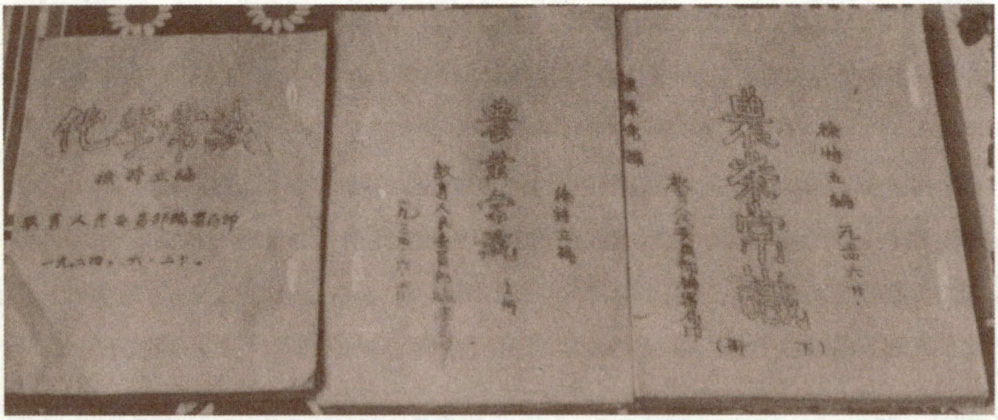

徐特立为苏区普及教育编写的部分教材。

同的班级，程度好的3个月毕业，程度差的学习6个月到1年。这样，便解决了苏区办学所需的教师问题。

中华苏维埃共和国中央政府成立后，中央苏区教育事业蓬勃发展，彻底废除帝国主义奴化的、封建的和国民党的党化教育的内容，编写新的政治教育、军事教育、文化教育和生产、生活教育的教科书，制定各项教育法规政策，规划苏区教育的新蓝图，便成为发展中央苏区新教育的紧迫任务。

苏区的新教育首先从编订各级各类教材开始，教材的领导与组织任务便落在了时任苏区教育部长的徐特立的肩上。1932年6月，中央政府做出决定：教育部组织编审委员会，以徐特立为主任，关蕴秋、施洪光、萧乾为委员，对中央苏区学校教科书进行编审出版工作。

徐特立对于教材的编审出版工作抓得很紧，指导明确具体。他一方面搜集各地编写的教材，加以审查和修订；另一方面组织专人根据当地需要编写新教材。各省苏维埃政府为了编订和审查各类各级学校的教科书，也相继成立出版委员会或编审出版科，除了专门编辑课本外，还负责审查过去所编订的课本与下级教育部门及个人编写的教材。1932年，徐特立在审阅了福建省送审的《共产儿童读本》后，详细地指出了书中的缺点："太偏重于政治，日常事项太少，且内容深浅几册都没什么区别。"此外，他还指出："此项读本为应目前需要，用一二学期后或再编或改正，当更完善。当下可不用中央教育部审定的名义。"[1]

徐特立还以中央政府教育部发通知、训令和给送审教材写意见等方式，确定了中央苏区教材编写的五个原则：实施无产阶级教育的原则；以马列主义为指导，介绍马列主义和苏联文化的原则；文化知识与政治教育相结合的原则；与当前斗争、群众实际相结合的原则；要符合学习者心理特点的原则。

[1] 集群：《徐老苏区生活片断》，转引自陈志明：《徐特立传》，湖南人民出版社1984年版，第108页。

这些原则从苏区革命与受教育对象的实际出发，为编写新教材指明了方向。

徐特立在努力做好中央教育部编审委员会的领导工作的同时，还亲自参加教材的编写工作。他和刘函玉合编的《自然常识》教材，分天文地理类共9课；理化类共7课；生物及生理卫生类共12课。在革命战争环境下，中等学校学生在一年的时间里，学习这28课的内容，也就掌握了基本的自然科学常识。徐特立编写的《农业常识》课本，分上下两册。上册26课，讲水稻、棉花、甘薯、甘蔗、豇豆、小麦等农作物与气候、土壤知识，以及病虫害的防治，还有猪、牛、鸡的饲养等。下册18课，讲农作物栽培管理。这些内容很切合中央苏区农村的生产生活实际，也很适合做中央农业学校的教材。下册每课后面都有复习思考题，这对于教学双方抓住重点进行教学，做好预习、复习，都是十分有利的。

在徐特立卓有成效的组织和亲自编写教材的示范下，中央苏区学校的教材建设取得了很大的成绩。据有关部门保存下来的教材和所能看到的教材目录，中央苏区编写的各级各类学校的教材有130多种。在红军教育方面，由工农红军总政治部和红军学校等编写的教材和读物就有40多种。另外，红军中各纵队的青年士兵学校，还结合教育对象的特点，编写了《战争与青年》、《苏维埃与青年》等教材；在干部教育和专业教育方面，各类学校和训练班根据各自的培养目标，据不完全统计，共编写了30多种教材；在社会教育方面，各省、县的文化教育部门编写了十多种工农业余教育教材；在小学教育方面，根据小学课程设置，编写了初级小学国语、算术、自然常识、游艺等科目的教材。现保存比较完整的教科书有17种。中央苏区编写出版的这批教材，符合当时革命斗争需要和工农兵及其子弟学习文化、政治、军事等方面的急需，为中央苏区教育工作的顺利开展和教育质量的逐步提高奠定了坚实的基础。

徐特立为列宁小学所编国语教科书第一册，有一篇《工农兵三字经》的课文："天地间，人最灵。创造者，工农兵。男和女，都是人。一不平，大家鸣。”另一篇课文：“富人贵，穷人贱，穷人吃苦几千年。富人懒，穷人勤，穷人辛苦不堪言。富人饱，穷人饥，穷人生活好凄惨。富人少，穷人多，及早学武学苏俄。苏俄穷人解放了，丰衣足食无折磨。”[1]这些深入浅出、贴近百姓生活的教学内容，不但让孩子们识字学习了文化，而且提高了他们的阶级觉悟，对于开展革命工作，起到了极为积极的作用。

对于苏区的教育成就，老将军王耀南回忆道：“恩师对教育非常执著。从1931年到1934年，他亲手拟定了20多个教育法规。中央苏区建立列宁小学3199所，学生约10万人。补习学校4562所，识字组23286个，20多万人参加学习，苏区几乎消灭了文盲。苏区的教育就连国民党都赞不绝口。”[2]

埃德加·斯诺在《西行漫记》中写道：“（徐特立）偷越封锁线，到了江西，不久，他就担任了人民教育部副部长、代部长……他所担负的这些任务十分艰巨，要是西方教育家，谁都会感到气馁的，但是徐老老当益壮，是不会感到气馁的。”“群众教育在稳定的苏区有了很大的发展。在有些县里，红军在三四年中扫除文盲所取得的成绩，比中国农村任何其他地方几个世纪中所取得的成绩还要大，这甚至包括晏阳初在洛克菲勒资助下，在定县进行的‘豪华’群众教育实验。”

编制教育法规

在逐步开展各式各类教育、编订各种教材的同时，苏区新教育的法规制

[1] 徐禹强：《坚强的老战士》，内部资料，2003年，第40~41页。
[2] 徐禹强：《坚强的老战士》，内部资料，2003年，第44页。

度建设也逐步出台。这些法规文献，为新教育的持续开展提供了组织制度上的保障。到1934年4月，中央苏区教育的各种简章、大纲、条例、章程、制度、办法等相继制定出来。为了便于贯彻实施，在徐特立等人的主持下，中央政府将政府与教育部先后颁布的24个教育规章以及《兴国乡村的教育》经验总结汇编成册，定名为《苏维埃教育法规》予以颁发。《苏维埃教育法规》将废除国民党政府制定实施的旧文化教育，建设新民主主义文化教育的思想贯穿始终，以建立新的文化教育制度，确保在旧社会90%以上都是文盲的工农群众及其子女享有受教育权，作为苏维埃教育法规立法的基本指导思想和根本目的，具有鲜明的时代特征。

《中华苏维埃共和国小学校制度暂行条例》、《小学管理法大纲》、《小学课程教则大纲》、《短期师范学校简章》、《初级师范学校简章》、《高级师范学校简章》、《短期职业中学试办章程》、《中央农业学校简章》、《苏维埃大学简章》等教育法规，对教育经费的筹措、各学校的组织机构、日常管理的规则、培养目标、学校制度、招生办法、教员的配备、改革教学内容以及教学的方法原则等都作了明确的规定。这些文件规定：小学教育8至12岁为学龄，学制五年，前期三年，后期两年。职业中学招收13岁到16岁的少年入学，学制四年，先办一至两年的短期职业中学。16岁以上的工农、干部、教师和其他人员可以分别进入农业学校、戏剧学校、师范学校、苏维埃大学深造或进入夜校等各种业余学校学习。

除普通教育外，《夜学校及半日学校办法》、《业余补习学校办法》、《识字班办法》和《俱乐部纲要》等文件，则规定了各类业余教育组织如何建立及怎样开展活动。

此外，群众性的文化活动则由俱乐部和列宁室等具体组织实施。中央苏区群众文化的建设，组织严密有序，活动丰富多彩。《高尔基戏剧学校简章》对于艺术人才的培养和管理做出了相应规定。各类教育与文化组织有助于革

1934年1月21日，第二次全国苏维埃代表大会在江西瑞金召开，徐特立再次当选为中央执行委员会委员和教育人民委员会副部长。

除陈规陋习，提高人们的文化思想水平，这从一定程度上可以反映出中央苏区文化教育事业的兴旺发达。

《苏维埃教育法规》是中国共产党领导下颁布的第一部教育法规，也是中国教育史上人民文化教育工作的第一部教育法规。它是在以毛泽东为代表的中国共产党领导下，中央苏区广大军民从事新民主主义文化教育建设实践经验的总结，是中央苏区教育工作开拓创新的成果。这25个法规文件，许多都是在徐特立任中央教育部代部长期间亲自制定颁布的，多数文件都浸透了徐特立的心血及其教育构想。其颁布标志着中央苏区教育法制建设进入了一个新的阶段。

“长征途中诲人忙”

1934年10月，57岁的徐特立随中央红军踏上了万里征程，成为长征途中年龄最大的人。在长征途中，徐特立仍然念念不忘教书，想出了许多“新奇”的办法教战士们识字，并以革命的乐观主义精神，对同行的红军战士实施了别具特色的教育。

长征历经千难万险，许多人因饥饿、寒冷和生病而永远地留在了茫茫的雪山草地。作为万里长征中年龄最长的人，徐特立不但胜利地闯过了各种艰难险阻，还神奇地创造了世界上最艰难环境下的教育方法。行军途中，他尝试在战士的后背上相互写字，创造了“活动识字板”的教学方法。他让先头部队把路边宣传鼓动标语牌上的字写大，以便于战士们在途中辨识。此外，他还教战士们学习拼音文字，以便于他们更好地自学。有的年轻女战士不愿意学习拼音，并调皮地说拼音是外国字，他却耐心地解释说：“这是我们创造的拼音文字，是我们自己的，应该学习。将来我们的条件改善了，外国的语言文字也要学习嘛！”徐特立鼓励女战士们不仅要做妇女革命的模范，而且要做文化的主人，这样才能在政治、经济、文化等方面，求得妇女的彻底解放。当部队停下来休息和宿营时，徐特立要求战士们以树枝作笔，以大地为纸，在宿营地上写字，并且风趣地对战士们说：“那是取之不尽，用之不竭的学习资源啊！”朱德和康克清后来曾写诗称赞他说：“岁岁不忘歼敌事，朝朝只见诲人忙。”[1]

---

[1] 朱德、康克清：《徐特立同志七十晋一大寿》，转引自：《人民之光，我党之荣——纪念老院长徐特立从事教育工作110周年》，北京理工大学徐特立教育思想研究会编印，2005年，第18页。

除了对普通战士学习和生活上的关心，徐特立还对自己在湖南第一师范读书时的老学生——毛泽东格外关心，并想办法替他排忧解难，出谋划策。出征前，毛泽东由于受到了王明左倾机会主义的排挤，长征开始时曾因忧思过度导致身体虚弱、神情抑郁。作为毛泽东的老师，徐特立看在眼里，急在心里。有一天，他见到了毛泽东，便关切地问："你晚上看书还看得很晚啊？"毛泽东笑了一下说："我很好，看你又瘦了，要爱护身体啊！"徐特立看到毛泽东脸上露出了难得的笑容，很是欣慰。他说："润之，你别惦记我，我走得动，倒是你应该多保重啊！"而后，他们谈到了红军转移以来的情况。徐特立痛心而忧虑地说："我们离开中央根据地已经两个月了，但是怎么也摆脱不了敌人。现在我们只剩下三万人了，而且人员极度疲劳。如果再这样下去的话，红军就有全军覆没的危险啊！"毛泽东接着说："我们现在这样是跟五六倍于我们的敌人硬拼，这无异于以卵击石，自投罗网。我主张改变我军的前进方向，向敌人统治力量薄弱的贵州进军，摆脱敌人，争取主动。"徐特立听后，高兴地说："这样很好嘛！"他语重心长地对毛泽东说，"润之，我知道你遭到了一些人的排挤，被撤销红军总政委以后，对红军的行动就没有发言权了，处境很困难。但是革命行动事关重大，你还是应该把自己的主张多给大家讲一讲，争取大家的支持。"

随后，徐特立和林伯渠、董必武、谢觉哉一起商量后，找到了干部团的团长陈赓。陈赓将毛泽东的主张进行了宣传，得到了干部团指战员的广泛拥护。

中央红军进入贵州后，党中央准备建立以遵义为中心的川黔边革命根据地，在遵义建立了遵义县革命委员会，徐特立担任了文化教育委员会委员。他十分关心当地的文化教育情况和知识分子，主动拜访了遵义教育界的知名人士，并积极地抢救当地的文化遗产。

红军进入遵义以后，徐特立不顾千里转战的疲劳和正在生病的虚弱身体，四处走访文教界人士，向他们宣传我党的方针路线和革命政策，以及红

遵义会议旧址。徐特立长征时曾住在遵义城的一所中学里。

军北上抗日的重要意义。

红军到达遵义后的第二天，我党便召开了群众大会。当徐特立得知参加会议的赵乃康长期从事教育，学优品正、德高望重，还撰写了《遵义府志》时，当即与之交谈，而后，命人护送他回家。

会后，徐特立又到“红军之友社”拜访了当地的知名教师余选华。到达门口，他满面笑容地问：“余选华在吗？”当余选华经人介绍，得知眼前的这位长者就是大名鼎鼎的徐特立时，他非常惊讶，心想：声名远播的教育界“长沙王”徐特立，怎么会知道自己这个无名小卒呢！徐特立仿佛看出了他的心思，亲切地招呼他坐下：“我经过了解遵义的教育界人士，有赵乃康、朱穆伯和朱季瑜等老教师，年轻的就提到你，听说你在这儿，我就找来了，哈哈。”余选华既感动又羞愧地说：“我不过是赵先生、朱先生的一个学生，一个普通的小学教师，徐老先生这样重视文化人，看重我，我深感羞愧。”徐特立说："我听说红军刚到的时候，误以为赵先生是土豪劣绅，将他关起来了。后来听说他是教育界知名人士，才放回了家？"余选华解释说："不过红军知道情况后，当即派人礼送回家了。"随后，他们一同来到赵乃康家中，大家坦诚相见，关系非常融洽。赵乃康对中国共产党有了新的认识，对共产党领导的革命，也逐渐有了积极的态度。

徐特立在此期间还拜访了朱穆伯。朱穆伯毕业于北京大学中文系，先后在南开、浙江、贵州大学任教。听到中华苏维埃共和国教育部长徐特立亲自登门造访朱穆伯，急忙上前迎接。朱穆伯知道徐特立是湖南教育界的老前辈，又是毛主席的老师，对他是极为推崇，激动地说："今日得见徐老，真是三生有幸，实乃荣幸之至！"徐特立说："先生慷慨支持学生的爱国抗日运动，我早有所闻，实在是佩服佩服！"朱穆伯谦虚地说："国家兴亡匹夫有责，此事何足挂齿。倒是徐先生花甲之年，无视险阻，千里转战，北上抗日，实乃国家民族有望啊！"他们天南海北地聊了起来，从"九一八"到红军北上抗日，从教育到徐特立的法国留学生活，真有相见恨晚的感觉！朱穆伯感叹道："早闻共产党领导的红军纪律严明，

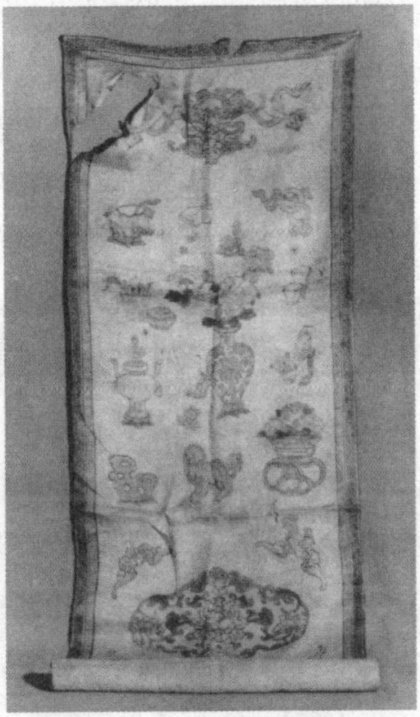

徐特立长征过藏族地区时藏族朋友送的唐卡。

进得城来，秋毫无犯；今日徐老先生下驾屈访，礼贤下士，深得民心。得民心者，不可摧也。”

在遵义，徐特立有一次来到书法家王藻章家，刚跨进大门，便看见屋里火光闪闪，并传出阵阵笑声。徐特立三步并作两步走进去，看见战士们正围坐在火堆旁聊天，撕着书当柴烧。徐特立急忙从战士手中抢过书，怒斥道：“荒诞！真荒诞！”

战士们心中的徐老，从早到晚都是笑眯眯的，那么亲切慈祥，他们从来没有见他这么生气过。大家吓得站了起来，不知所措。徐特立继续斥责道：“你们知道你们这是在干什么吗？这是在毁坏我们祖先的文化遗产啊！历史上只有秦始皇烧书！”一个战士委屈地解释道：“天气太冷了，大家穿得都很单薄，冻得手脚冰冷。看到书堆在这里，以为人家不要了，就拿来取暖。”另一个战士不屑地说：“这些古书还有什么用啊！”徐特立听了，耐心地给大家解释道：“书怎么会没有用？远的不说，就说我们红军吧，从江西瑞金出发，往哪里转移，到什么地方去，这些地方我们都没有去过，当地的情况不都是书本告诉我们的嘛！特别是这些古典书籍，都是珍贵的文化遗产，是一定需要我们好好加以保护的啊！”

次日，徐特立来到新城新华书店大街石门坎豫章学校——遵义县革命委员会写好封条，带着人把遵义城内主要藏书封了起来。但是还有一些分散的图书怎么办呢？徐特立就找到赵乃康说：“遵义是一座文化古城，战乱时期要好好保护文化教育遗产。建议先生尽力把书收集起来，妥善保管，开办一个图书馆，您老先生来当馆长。”

赵乃康欣然同意：“徐先生真可谓有心人。承蒙先生看得起，我定当效力。”

徐特立让战士们把几堆书整整齐齐地码好，并集中在一起。房子也清扫得干干净净。徐特立笑了，让战士们把书送过去。徐特立住在贵州省第三中学时，有的战士随手取下架上的书做枕头用。他见到后就贴上“架上书籍，不要

长征时，徐特立坚持步行，常把马让给伤员或用来驮书。

乱拿”的条子。在他的影响和说服教育下，战士们都知道爱惜图书了。

部队离开前，徐特立还不放心，对书进行了一一清点。徐特立爱书护书的精神也在贵州当地传为美谈。赵乃康作诗赞道：

军中忙无暇，积极救文化。维护文物功，当不在禹下。

徐特立在遵义保护图书文物的故事，至今仍在当地人民群众中传颂着，被载入了史册。1980年，余选华回忆说：我们的徐老在战火纷飞的年代，红军处于极为困难的长征途中，就对中国革命胜利后，如何发展我们民族的文化教育事业有所打算，所以在遵义时那样关心文化遗产，那样珍惜图书。

徐特立对书籍文物不但珍惜，而且达到了“爱书如命”的地步，即使在艰苦的行军途中也是如此。为了保护随身带的书籍，他把配给自己的小马用来驮书，自己却徒步长征，但因年事高、体力差，难免落在队伍后边。

一次，徐特立所在的总卫生部干部休养连来到一个小村庄宿营。兼任干部休养连连长的何长工，周总理安排他负责长征途中几位老同志的安全。这一次，他又十分焦急地等着掉队的徐特立。不一会儿，只见徐特立牵着马走过来，摘下军帽，擦了一把汗。当徐特立抬头看见何长工紧绷着的脸时，心里不由得有点紧张，就抢先招呼说：“小老九，你们到了好久了吧？哎，我这小马调皮，不肯走！”

何长工生气地说：“你又迟到半小时，给你马不骑，驮那么多书，这不行！”原来贵州山道难走，休养连特意给徐特立换了一匹小马，身子虽矮，可是结实耐走，骑在小马背上，任它在山道上蹒跚，也不会掉队。可徐特立偏不舍得骑马，而是把从瑞金带出的和沿途搜集的一百多本书驮在马背上。干部休养连当时也有几位老同志用马驮书，这成了何长工最头痛的事。何长工觉得书是个大“包袱”，这次决心以徐特立为“典型”，非扔掉这个“包袱”不可。

“我下次起早点儿，保证不再迟到了。”徐特立自知理亏，先自我检讨起来。

“不行，我要从根本上解决，烧你的书！”

“什么？烧书？烧不得，烧了我跟你拼命！”徐特立急得跑过去护住马背上的书。

“烧是烧定了！今天烧了，将来打下大城市我再来赔你！”

“靠不住，小老九，你被打死了怎么办？我找谁要书去？你可以批评我，但不能烧书！”

见他俩争执着，与徐特立同在干部休养连的董必武、谢觉哉两位老同志也都围了过来。何长工从马背上抢下一摞书，挽起袖子，大声宣布：“同志们听着，我今天要烧徐老的书了，省得他掉队，你们的书也要烧。警卫员，拿洋火来！”徐特立真急了，跳了起来，又嚷又叫。他嗜书如命，眼看真要烧他的书，老先生动了感情，几滴眼泪淌了出来。

董必武、谢觉哉见此僵局，拿出了折中的主意：“长工，这样吧，烧一半，留一半，给点厉害，也留点面子怎么样？”何长工仍很坚决：“全烧！不烧掉书，徐老再掉队，我脖子痒哩！”他用手在脖子上做了个砍头的手势，把大家逗乐了。

大家记得，周恩来跟何长工交待任务时，曾严肃而风趣地说过：“这批老人，是我们党的宝贵财富，你要对他们的安全绝对负责，如果他们在，你也在，那就皆大欢喜；他们在你不在，我追记你为烈士；如果他们不在，你在，我就要砍你的头！”

董必武、谢觉哉再也不好张口了。徐特立仍在又嚷又求，抱住那些书籍不肯松手。突然，何长工“噗噗”一乐，宣布道：“一本都不烧！叫警卫连的每一个战士给你背两本，不比你一个人驮着保险？”

徐老长长地松了一口气，把书解开。何长工两本两本地把书分发给了警卫战士们保管。从此，徐老再也不迟到了。红军到达陕北后，何长工把分发出去的书籍集中起来，一本不少地交还了徐特立。

从移动的“字板”，到对贵州山区教育家的拜访；从长征途中心系贵州山区书籍的保护，到长征途中让马驮书自己步行，无不显示了徐特立对于书籍和民族文化的深沉热爱，流露出一个职业教育家和革命教育家对书籍及其所代表的人类文明的无上尊崇。

七　边区教育的开拓者

1935年10月，中国工农红军完成两万五千里长征，胜利到达陕北的吴起镇。中华工农民主共和国执行委员会决定，成立中华民主共和国中央政府西北办事处，下设七部一局，徐特立被任命为苏区西北办事处教育部部长，负责全面领导陕北的教育。

陕北时期，是中国共产党领导的中华工农民主共和国全面试验其施政纲领的开拓时期，而教育部长徐特立则在开展边区的教育事业方面，开创性地进行了前所未有的各类教育实践，创造了人类教育史上的奇迹。而他在长沙的抗日宣传与对青少年教育的关心，则显示出徐特立一以贯之的教育家风格。

1937年夏，徐特立在延安。

陕北群众教育

1935年12月，徐特立随中央移住瓦窑堡。他一到达陕北，马上对陕甘宁边区的教育状况进行了调查。

通过统计，他了解到当地只有一个学校，一个教师。而陕甘宁边区所辖的23个县，近200万人口，初级、高级小学却只有120个，文盲竟占总人口的99%，农民则全部是文盲。这里地广人稀，人们祖祖辈辈周而复始地过着面朝黄土背朝天的生活，经济状况十分落后，在思想认识上把教育看成是无益而徒增负担的事情。父母们对子女既不知教，又不知养，儿童的死亡率特别高。村与村之间相距常在几十里，儿童上学十分不便，失学儿童特别多，小学教师亦不受尊重。农家儿童从小就被家长安排在家照顾弟妹，或帮手农活，根本无暇上学。根据地建立后，很多家长害怕孩子读书识字后成为“公家人”，家里因之会失去一个劳动力，故不愿送孩子上学；而对于女孩，更没有让她们上学的想法。此外，举办教育所需的条件几乎是一无所有，这里既无印刷厂，也无纸张，一切都要创造条件从头做起。在这样的环境下办学无疑是对教育工作者的极大挑战。

然而，徐特立在总结中央苏区开展教育工作实际经验的基础上，采取了更加广泛的群众路线，依据陕北各地的实际，一步一步地发展教育事业。他大力倡导并推广新文字，先后举办了红军青年积极分子扫盲班、列宁小学教师训练班和鲁迅师范等多种扫盲

徐特立与毛泽东在陕北瓦窑堡。

1936年在陕北保安推行新文字、领导群众扫盲时的徐特立。

1937年，任中华苏维埃中央政府西北办事处教育部部长时的徐特立。

学校，大力开展边区的扫盲教育。没有课本，他组织编写；没有课桌板凳，他带领学生捡来石板、木头自己加工；农民不让孩子读书，他让扫盲师范毕业的教师们逐个动员，将识字学校搬到农民们的家门口。就这样，群众性的扫盲教育，逐渐开展了起来。

此外，他还极力推广普及教育，指导各地因地制宜，采取公办、私办、巡回流动、半工（农、牧、纺）半学、全日制、半日制等多种形式，为农民子弟尽可能开办学校，普及小学教育。据统计，从1935年到1942年，学校数目与学生人数连年递增，到1940年秋，全边区的小学增加到1341所，学生人数多达43628人，增加了10倍以上。

美国记者斯诺曾在1937年到达延安，就边区的教育采访徐特立后认为，在陕甘宁边区举办教育，“是西方的教育家，谁都会感到气馁的”[1]。徐特立不但没有气馁，而且做出了令人惊奇的事业。在陕甘宁边区异常艰难的环境下，在短短几年的时间内，徐特立在教育方面能够取得如此显著的成绩，不但让西方教育家敬佩，而且创造了人类教育史上的奇迹。

长沙宣传抗日

1937年7月7日，卢沟桥事变爆发，中国共产党通电全国，呼吁“全中国同胞、政府与军队，团结起来，筑成民族统一战线的坚固长城，抵抗日寇的侵略！”在延安召开的紧急会议上，毛泽东号召每个共产党员、革命干部应沉着地完成必需的准备，随时准备出发，到抗日的前线去。听了毛泽东的动员报告，年过花甲、任陕甘宁边区政府教育厅厅长的徐特立热血沸腾，当即向中共中央和毛泽东提出请求，让他到抗战最需要的地方去。

在中华民族生死存亡的危急关头，为了更好地动员群众，团结各界爱国人士参加抗日斗争，支援敌后抗日游击战争，中国共产党征得国民政府的同意，决定在西安、武汉、重庆、长沙等重要城市公开设立八路军办事处或通讯联络机构。根据以国共合作为基础的抗日民族统一战线政策，党中央和毛泽东决定派徐特立回湖南，以八路军高级参议的名义，出任八路军驻湘通讯处代表。

1937年11月26日，徐特立和王凌波一道离开延安，途经武汉，向中共中央军委副主席周恩来请示工作后，于12月9日抵达湖南省会长沙，下榻犁头街

[1]〔美〕埃德加·斯诺：《西行漫记》，生活·读书·新知三联书店1979年版，第210页。

在八路军驻湘代表办事处工作时的徐特立。

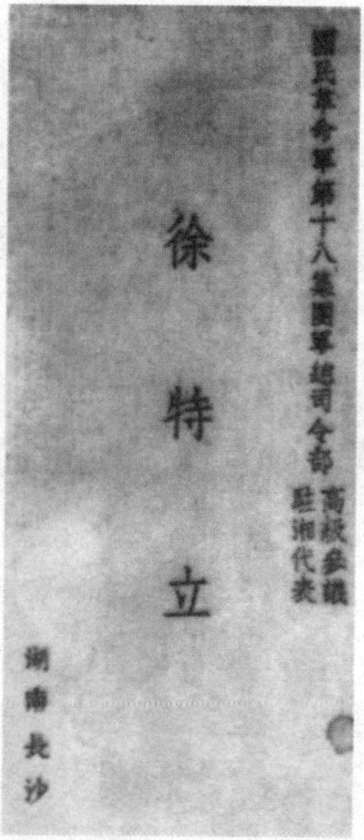

徐特立的名片。

南方旅社，马上着手八路军驻湘通讯处组建工作。年底，在东长街徐家祠堂建立八路军驻湘通讯处，公开挂牌办公，徐特立任八路军高级参议、驻湘代表，王凌波为通讯处主任。八路军驻湘通讯处一建立，就迅速开展工作，在湖南恢复和发展党的组织，宣传党的方针政策，推动全省抗日民族统一战线的发展。

八路军驻湘代表从革命圣地延安来到国民党统治区长沙，一时城内轰动，前来拜访探望者数以百计，不少还是徐特立的亲朋故旧。徐特立热情地向

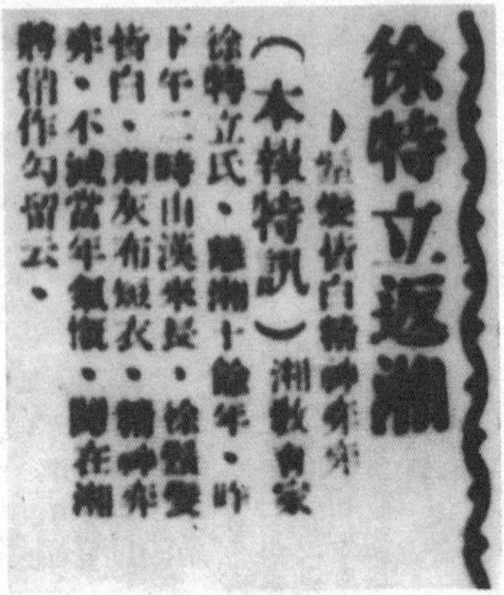
徐特立返湘
▶鬚髮皓白精神矍鑠
（本報特訊）湘教育家徐特立氏、離湘十餘年、昨下午二時由漢來長、徐鬚髮皓白、穿灰布短衣、精神矍鑠、不減當年氣概、聞在湘將稍作勾留云、

1937年12月，长沙报纸关于徐特立返湘的报道。

他们宣传中国共产党的政策，为节省办公经费，他规定只招待茶水、不请人吃饭。两年后他离开长沙时统计，在办事处期间，他只是会见法国记者时请过一顿便饭，花了5块钱的招待费。国民党的高官衣装笔挺，出入乘车，徐特立却始终身穿八路军的粗布军装，撑一把雨伞，徒步在城中奔走，不认识的人以为他是军中的老伙夫。国民党湖南省主席张治中约见时，徐特立走到省政府门口，门卫拦住说："今天张主席会见八路军代表，别人免进。"徐特立解释说自己便是八路军代表，门卫不信，要把他轰走。张治中久等不至，派人再去相请，得知个中原委后，对比国共两党不同的干部作风，张治中对共产党更加钦佩。

八路军驻湘通讯处建立之初，正值日军占领上海，进逼南京，湖南有许多人对战争前途、民族命运十分担忧，希望听一听共产党的看法和主张，因此来访者纷纷提问：战局将会如何发展？共产党究竟是真与国民党合作抗日，还是一时的权宜之计？对于这些问题，八路军通讯处工作人员根据党的一贯主张，耐心细致地给予解答。徐特立对大家说，现在对日抗战，是一场关系到国家民族生死存亡的斗争，只要举国上下紧密团结，组成坚强的抗日民族统一战线，将抗战坚持到底，胜利是完全有把握的。针对人们的疑虑，徐特立态度十分明确：“我们共产党是坚决抗日的，是真诚讲团结的，这一点是不容怀疑的。国共两党联合抗日，是大势所趋，人心所向。”[1]他精辟而坚定的话语，消除了人们对国共合作的疑虑，增强了对抗战前途的信心。

徐特立对于各界来访者都热情接待，向他们宣传党的方针政策，进行团结争取工作。为了宣传党的主张，他经常出席在银宫电影院的星期名人演讲，

徐特立在岳麓书院作抗日演讲后留影。

[1] 陈志明：《徐特立传》，湖南人民出版社1984年版，第125页。

以及青年会、文抗会、职抗会等团体召集的座谈会，会见各方人士，同他们交换对国际国内重大问题的看法，并不失时机地发表言论与文章，宣传党的全面抗战路线和持久战方针。到达长沙后的第三天，他就在银宫电影院宣讲党的洛川会议精神和《抗日救国十大纲领》，听众达数千人，把影院挤得水泄不通。当天，徐特立还会见报界记者畅谈抗日诸问题。当时毛泽东的《抗日游击战争的战略问题》和《论持久战》还未公开发表，但徐特立离开延安前已从毛泽东那里倾听了卓越的见解，对于抗日战争战略问题有相当的理解。因此，在与长沙新闻界的接触中，徐特立谈了很多精辟见解。他在驳斥“速胜论”和“亡国论”时说：“有人以为日本没有煤，没有铁，我们抗战六个月，日本帝国主义就必然崩溃。日本帝国主义存在着不可避免的危机是事实，可是把它估计得这样低，不但离开事实，而且于长期抗战有害。”他尖锐地指出，“那些唯武器论者，对抗战前途悲观也是不当的。我们虽然没有大量现代化的武器，我们可以从敌人那里夺取，我们可以从战争中补充。”他满怀信心地说，“打游击战是共产党八路军的拿手戏，我们将通过游击战发展壮大，越战越强。”[1]他的这些言论通过集会和报纸发表之后，对鼓舞全省人民的抗战斗志起了积极作用。

1938年1月11日《新华日报》出版发行，徐特立同周恩来、董必武、叶剑英、叶挺等发表了题词。在湖南，徐特立号召三湘人民组织起来，有钱的出钱，有力的出力，团结一致，共抗日寇，保卫家乡。根据不同听众，他在讲演时选择不同的角度和内容，注意宣传策略，讲求实际效果。他在长郡中学讲演就没有直接阐述抗日救亡问题，而是联系亲身经历，现身说法，鼓励人们反封建、抗外辱、爱国爱民、团结抗战，还以“有关家国书常读，无益身心事莫为”与大家共勉，产生了很好的反响。

---

[1] 陈志明：《徐特立传》，湖南人民出版社1984年版，第125页。

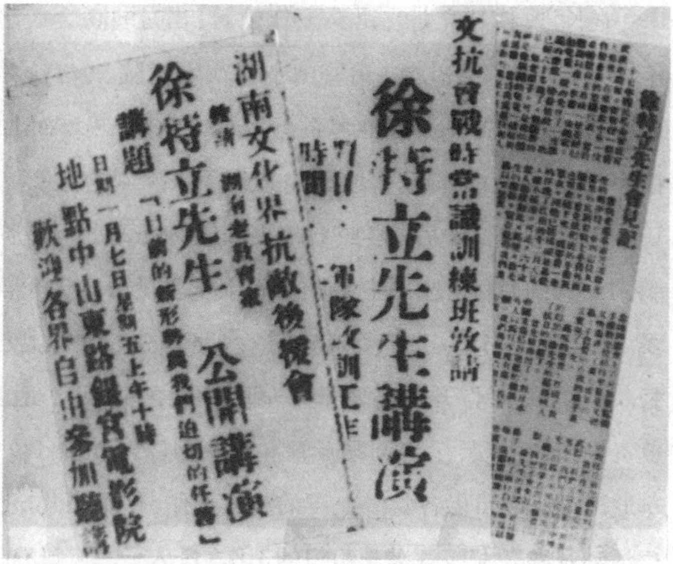

各报纸竞相报道徐特立讲演的情况。

1938年春，徐特立与叶挺在长沙八路军驻湘办事处合影。

在长沙，徐特立外出讲演十分频繁，当时的联合大学、第一师范学校、青年会礼堂、教育会礼堂、荷花池中央戏剧学院、火宫殿等处，都是他经常应邀讲演、作报告的地方。他那百折不回的意志，迎难而上的毅力，严肃认真的精神，平易近人的作风，给各界群众留下了深刻的印象。

徐特立到长沙后，遵照党中央和毛泽东的指示，着手恢复和发展党组织，1938年1月16日成立中共湖南省工作委员会，1938年7月改为中共湖南省委，高文华任书记。省工委成立时，八路军驻湘通讯处已在长沙公开挂牌办公，为省工委工作开展提供了较为便利的条件。处于地下状态的省工委秘密负责党组织发展、干部调配及领导群众团体开展抗日救亡活动的工作；八路军通讯处则着重做各党派上层的统战工作，使中国共产党在全省开展抗日救亡活动及恢复发展各级党组织的工作，进入了一个新的阶段。

在湖南党组织的领导下，湖南省长沙市先后成立了各界抗敌会、文抗会、妇抗会、工抗会、学抗会、商抗会等抗日群众团体。徐特立还担任了中苏文化协会湖南分会常务理事。在徐特立支持下，共产党员和革命知识分子黎澍、潘开茨、田汉、廖沫沙等相继创办了《观察日报》、《抗战日报》、《长沙日报》、《前进》、《火线下》、《长沙青年》等进步报刊，积极开展抗日宣传鼓动工作。《抗战日报》由田汉等人创办，廖沫沙主编，每期社论由徐特立审稿发排，他还动笔撰写社论，宣传党的《抗日救国十大纲领》。《抗战日报》紧贴现实，通俗生动，发行量多达3万份以上，成为民众喜闻乐见的一份抗战报纸。大量救亡报刊和书籍如潮水般涌进三湘大地，将中国共产党全面抗战和持久抗战的主张传播到广大民众之中。

八路军驻湘通讯处成立之初，担任国民党湖南省政府主席的张治中在政治上态度较为开明，对共产党的态度友好，对八路军驻湘代表徐特立也很尊重。通讯处利用有利条件，积极开展对上层社会的统战工作，取得了很大成绩。徐特立多次找张治中商谈有关抗日救亡问题，使他接受中共组织民众抗

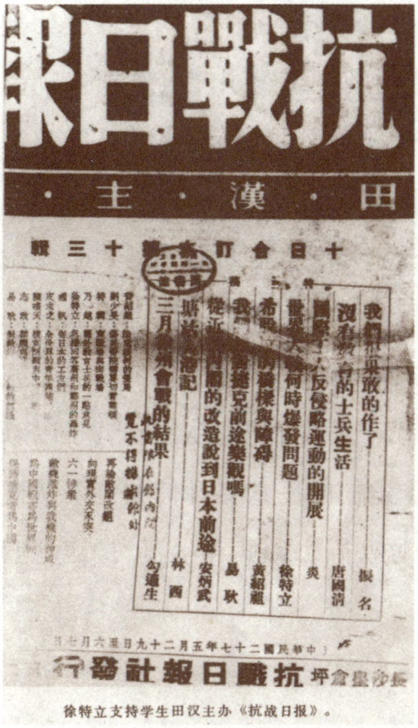
抗戰日報

田・漢・主

第十三號

世界大戰何時爆發問題 徐特立

長沙皇倉坪 抗戰日報社發行

徐特立支持学生田汉主办《抗战日报》。

徐特立支持学生田汉主办《抗战日报》。

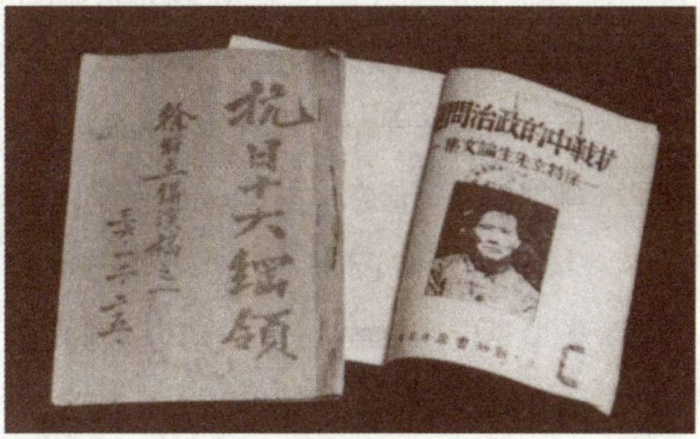

徐特立在抗战期间发表的部分文章。

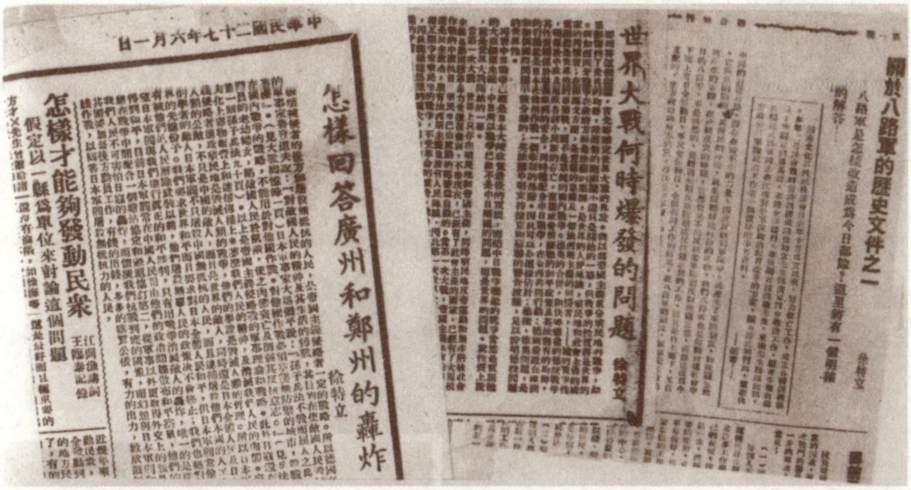
中華民國二十七年六月一日

怎樣回答廣州和鄭州的轟炸 徐特立

怎樣才能夠發動民衆

世界大戰何時爆發的問題 徐特立

關於八路軍的歷史文件之一

徐特立在抗战报刊上发表的部分文章。

日的一些主张，允许建立中苏文化协会湖南分会等救亡团体，同意释放关押在湖南的红军将士和共产党员，并为中共活动及各级组织深入基层发动民众，推动全省的抗日救亡活动提供了便利条件。此外，徐特立也注意同赵恒惕、刘岳厚、赵君迈等国民党军政要员的联系合作，扩大抗日统一战线。

1938年春，徐特立获悉原工农红军抗日先遣军参谋长乔信明等二十多位同志，被国民党江西监狱转到长沙陆军监狱，毅然前往监狱探望。他向身陷囹圄的战友介绍国共合作、一致抗日的新形势，讲解党的抗日方针政策，鼓舞他们坚定信念，坚持斗争。得知国民党顽固派企图将他们秘密转移予以杀害时，徐特立立即找省主席张治中交涉，终于迫使国民党将乔信明等人从桃源监狱中释放出来。徐特立指示通讯处安排这些同志治病和学习，护送他们

1958年徐特立和乔信明夫妇等人的合影。

前往延安或奔赴前线参加八路军、新四军，参加抗日斗争。据童小鹏回忆，有一次，国民党浏阳县长逮捕一名中共基层组织负责人，借故以刑事犯予以处决。徐特立告诉了张治中，张查明属实，即把那个县长撤职查办。

为前线筹集和转运军需物资，是八路军驻湘通讯处的经常性工作。一是向湖南各界及海外华侨募集医药用品和通讯器材等，如印尼华侨捐献的万金油，东南亚华侨捐献的军用救护汽车，宁乡县党组织发动群众为八路军募集的防毒捐款，长沙衡光工业社职工捐献的钱及寒衣等。二是根据八路军驻武汉办事处的统筹安排，由驻湘通讯处向国民党衡阳军需处办理交涉，领取八路军、新四军的军饷和武器弹药、被服等，或转运至武汉八路军办事处、南昌新四军办事处，或直接运送延安。通讯处还为延安和前线部队采购急需的纸张、通讯电器及医疗器械。筹集物资是一项艰巨工作，医疗用品和通讯器材一直为国民党政府所严格控制，为了尽可能多地募集，通讯处想尽了各种办法，做了人量的工作。

国民党政府实行征兵制兼募兵制，各地强行抽丁现象严重，广大民众深为反感，中共湖南省工委多次向国民党湖南省政府建议改革兵役制。1938年春，徐特立代表八路军驻湘通讯处多次在省广播电台讲演《抗日救国十大纲领》，呼吁国民党政府将带有军阀性质的募兵制改为义务兵役制，并实行行之有效的军民一致、官兵平等、优待抗日军人及其家属、加强军队政治工作等措施。各抗日团体积极响应徐特立的号召，配合全省兵役宣传周行动，支持政府动员广大爱国青年参军参战，完成或超额完成湖南每月征兵任务。

为了适应当时的斗争环境和工作任务的需要，八路军驻湘通讯处对外作为八路军的公开派出机构（1938年8月起也作为新四军驻湘办事处），对内是共产党的工作机关。在中共中央和中共中央长江局（南方局）的领导下，为恢复和发展湖南地方党组织，做了大量工作。上级调到湖南的党员干部，大多同通讯处联系，再转湖南省委安排工作；对失去组织关系而又要求恢复的党

八路军驻邵阳办事处旧址。

员，也由通讯处严格审查再交地方党组织；通讯处迁到邵阳后，还协同地方党组织多次举办党员训练班，徐特立、王凌波等都担任讲课任务。

湖南各地发展党员的对象，主要有三个方面：一是青年知识分子，特别是小学教师，有文化，容易接受中共的抗日主张，同时通过他们的桥梁作用，可以深入到乡村中去开展党的工作。二是农村中的农民，大革命时期的影响很深，贫苦农民对共产党有好感，有利于发展党组织，扩大党的社会基础。三是城市产业工人和手工业工人，不少机器厂、兵工厂迁移来湘，厂里的党组织随之到湖南，并发展工人党员。长沙等城市的一些行业中，也有党组织活动。

面对复杂的政治局面，为了巩固和发展抗日民族统一战线，中共湖南省工委加强了对统一战线工作的领导，在各级党委中设立统战部门，先后指定党在各地的公开代表，八路军驻湘通讯处徐特立、省工委任作民、湘南特委王涛、耒阳李振鹏、岳阳彭援华、衡阳李华辑、汝城何秉才、溆浦翟根甲和谌鸿章、湘乡王俊恒、南县文士祯等，以公开或半公开身份，就国共合作、推动民众抗日等问题，与党、政、军、商、学等各界人士广泛协商，积极开展统战活动。同时，通过八路军驻湘通讯处、桂东和平江等地新四军留守处、战时书报供应所、《观察日报》、《抗战日报》、塘田战时讲学院、中苏文化协会湖南分会、湖南妇女工作委员会、文抗会、基督教青年会等机关、报刊和团体，广泛发展统一战线。

湖南省工委和八路军驻湘通讯处确定的统一战线工作方针是：既不破坏统一战线，也不失自己的立场，人民有抗日救国的权利和义务，共产党员也不例外，做群众工作是共产党的生命，不能放弃。徐特立及驻湘通讯处的同志们，在统一战线工作中，比较注意方法，加强与各方面人士的联系，利用各种社会关系开展工作。在社会上层，主要是争取有实力、有名望、有能力、愿抗日的人士，并通过这些人，进行下层群众的工作；对行政专员、县长、区乡保甲长、青洪帮、资本家等，争取一个算一个。徐特立多次发表赞成青帮、洪帮抗日的言论，认为青帮、洪帮有几百年的历史，不是一纸命令能消灭的，只有改造是有益于抗战的。对学者、政治

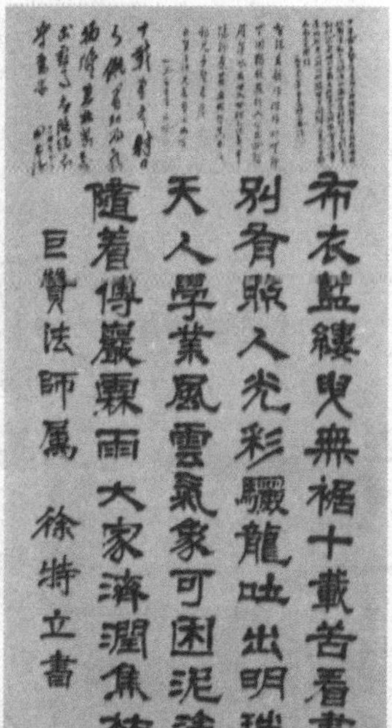

徐特立为巨赞法师的题词。

家、作家、绅士甚至佛教界等名流，则利用他们的名义掩护做工作。

1938年9月，中共湖南省委和徐特立通过统战关系，借用湘籍国民党上层人物名义在武冈县创办塘田战时讲学院，邀请国民党元老、国民政府司法院副院长覃振为院长，湖南省参议会议长赵恒惕为董事长，张治中任名誉董事，并邀请各界名流任董事。讲学院历时7个多月，培训两期共250余名学员，为抗战输送了急需的人才，被誉为“南方的抗大”。徐特立将这称之为“统一战线的中间桥梁”，“一切同情我们的人常在于我们经过他们做统一战线工作，最重要的一点就是要教他们保存他们一切旧的社会关系。若党外的干部弄到和我们一样，那就将统一战线的中间桥梁割断了。例如黄炎培的人，平民教育促进会的人，有和我接近的，我每次都劝他们保存旧的社会关系”。

1938年徐特立参加六届六中全会时与中央领导的合影（后排右一为徐特立）。

八路军驻桂林办事处，1940年徐特立曾在这里宣传抗战。

1938年8月29日，徐特立作为湖南党组织负责人之一，赶到武汉，同周恩来、博古等一道回延安参加中共扩大的六届六中全会。他见到了分别一年的毛泽东，聆听了他的讲话，学习了刚发表不久的《论持久战》等重要文章，领会了中央精神，增添了新的力量。会后，毛泽东邀见徐特立，听取他关于湖南统战工作和组织建设情况的汇报，对于湖南工作给予高度肯定。

1938年11月下旬，八路军驻桂林办事处正式成立，徐特立曾在此负责联系包括湖南在内的南方数省和香港党的组织。

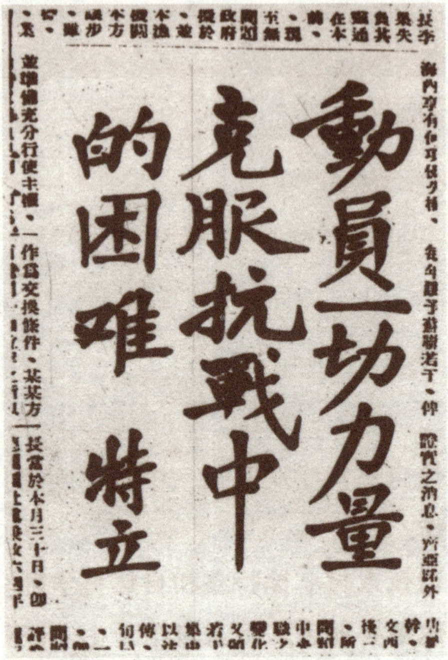
動員一切力量克服抗戰中的困難 特立

徐特立为桂林抗战报刊的题词。

1939年初，徐特立再次从延安回到湖南，以新的姿态投入抗战工作。长沙大火后，按照周恩来、叶剑英的指示，八路军驻湘通讯处全部迁至邵阳东门外两路口曾家院子，受中共中央南方局和八路军桂林办事处领导。

1939年2月，中共湖南省委在邵阳八路军驻湘通讯处召开第一次扩大会议。中共中央南方局常委博古，委员徐特立、高文华，湖南省委委员、特委和部分县委书记及进步团体负责人参加会议，博古在会上传达党的六届六中全会精神。会议总结检查前段工作，布置今后任务，选举省委领导班子，高文华任省委书记，徐特立任省委委员、统战部长。同时，叶剑英从衡阳来到邵阳，察看湘西南山区和雪峰山一带的地形，准备在此开辟抗日游击区。同年4月，省委在邵阳召开第二次扩大会议，研究如何进行紧急战争动员、巩固扩

1940年，徐特立与董必武（左）、林伯渠（右）在重庆八路军办事处。

大统一战线、大力发展党组织等计划。

抗日战争进入相持阶段以后，国民党对日妥协、对内反共倾向明显增长。1939年1月的国民党五届五中全会，制定了“溶共”、“防共”和“限共”、“反共”的方针。湖南省政府主席兼第九战区代司令薛岳，在湖南推行防共、反共政策，制造了一系列反共摩擦。第九战区政工会决定，对共产党要“感化、溶化，在必要时分化瓦解之”。由国民党当局包办的省动员委员会取代了由八路军驻湘代表参加的省抗战统一委员会。张治中主政时就筹备的省临时参议会，中共方面曾提出应同国民参政会一样有各党派、各民众团体的代表参加，并推荐徐特立等13人参加，但薛岳上台后组建省临时参议会时竟不列一人。

为了达到防共、反共的目的，国民党省党部顽固派发表演说和文章，在政治上污蔑共产党，在机关团体中清查排除共产党。薛岳甚至不准八路军、新四军设立通讯处，不准八路军驻湘代表徐特立在湖南居住，纵容部下调查和破坏中共组织和抗日团体。

《观察日报》被封和塘田战时讲学院被解散，就是薛岳推行反共政策、破坏抗日民族统一战线的严重事件。1939年4月底，周恩来视察新四军工作时路经衡阳，召集湖南省委负责人高文华、徐特立、任作民等开会，针对国民党反共反人民活动加剧的形势，作出关于转变党的组织形式与群众工作方式的指示。他要求省委整顿、巩固党的组织，向党员进行秘密工作教育；组织发展要坚持“质重于量，巩固重于发展”的方针。根据周恩来的指示，中共湖南省委一般地停止了组织发展，着重进行党内思想教育；同时，派省委干部到各中心县委加强领导，各级党组织的主要负责人不再兼任群众团体的职务。采取一系列措施，使湖南党的组织形式和群众工作方式开始实行转变。

1939年8月，八路军驻湘通讯处接到国民党第九战区通令，被迫停止办公、撤销机构。1940年2月，八路军驻湘通讯处工作人员撤往桂林，薛岳竟然命令衡阳警备司令部通知徐特立“限期离湘”。1940年8月，徐特立不得不离开长沙，经重庆返回延安，结束了在湖南将近三年的特殊使命。八路军驻湘通讯处历时三年，为湖南抗日民族统一战线的建立和发展做出了重大贡献。

别开生面的“课堂”

1937年，徐特立已是60周岁的老人。虽然年事已高，但是，在任何时候，他在工作和生活上都流露出积极向上和不畏困难的乐观情绪。他的这种革命的乐观主义精神，感染着身边的每一个人，也成为共产党领导根据地军队和人民克服困难争取胜利的强大精神力量。

1937年也是中华民族灾难深重的年份。“九一八”事变以后，日本加紧了侵华的步伐，由国民党主持的南京政府不是积极抗日，而是消极抗日、积极反共。在中华民族处于亡国灭种的危急关头，共产党政府及其领导的人民军队坚决要求与南京政府联合抗日。为鼓舞民族士气，边区政府联合当地群众，并号召各界人士共同为徐特立六十周岁祝贺，使徐特立的六十周岁寿辰成为一次具有特殊的历史和教育意义的活动。

苏维埃中央政府机关报《新中华报》以《做寿》为题为徐特立出专版祝寿，特别强调了“祝寿”活动在抗日救亡运动中的重要意义。

祝寿会上，徐特立湖南一师时的学生、陕甘宁边区政府领袖毛泽东专门为老师写信祝贺，称这位二十年前的先生是“革命第一，工作第一，他人第一”，并声明自己愿意继续向他学习，号召全党同志向徐特立学习。[1]

---

[1] 毛泽东：《为徐特立六十岁生日写的贺信》（一九三七年一月三十日），《毛泽东文集》（第1卷），人民出版社1993年版，第477~478页。

一九三七年一月卅日　新中華報　（第一版）

新中華報

蘇維埃中央政府機關報

第三百二十六期

恭祝

徐教育部長特立同志六十壽辰

新華社祝

做寿

西路軍击潰敵五团

德王與日本秘商犯綏計劃

日本在察北增調大批軍隊

1937年2月1日是徐特立六十寿辰，《新中华报》出专版祝寿。

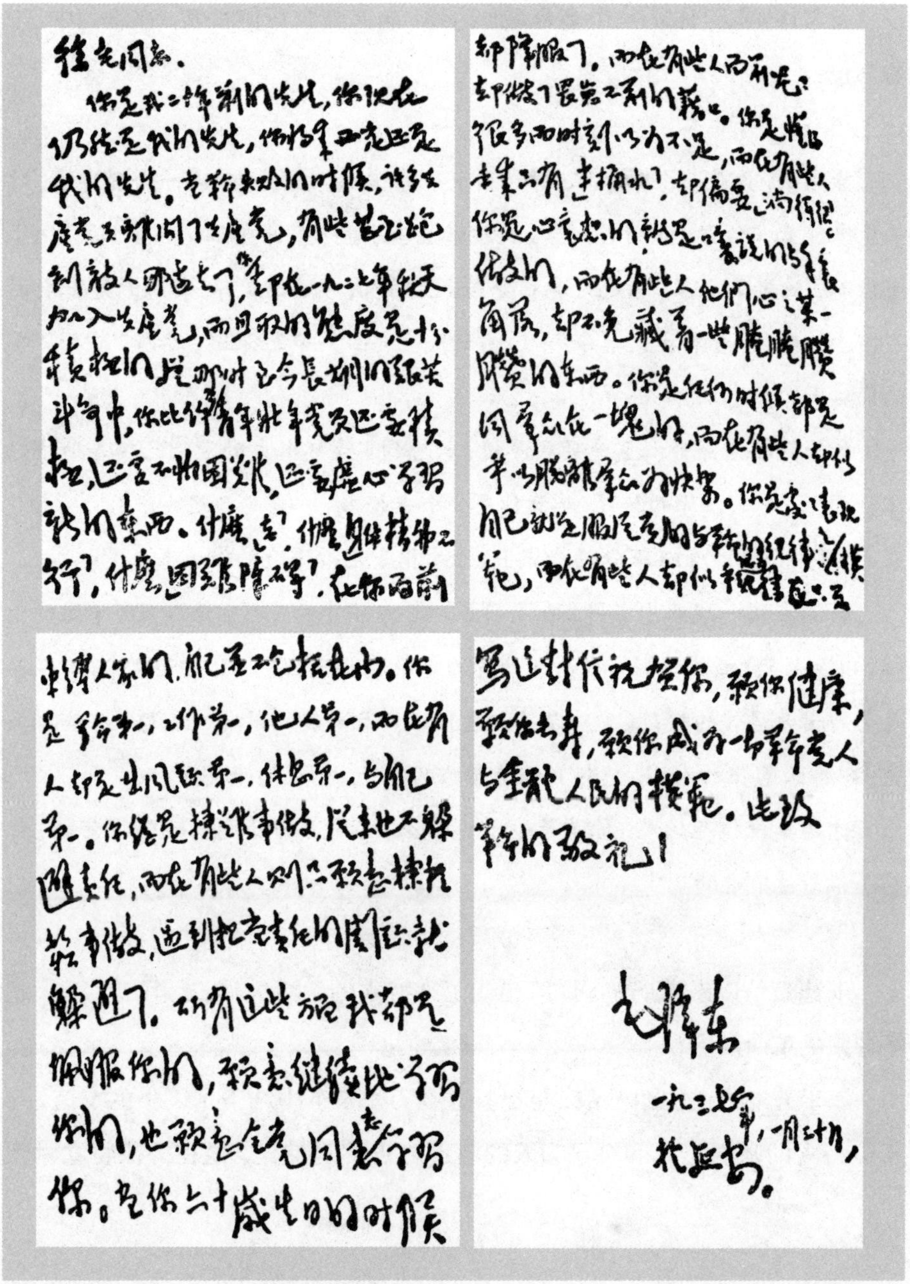

特立同志：

你是我二十年前的先生，你现在仍然是我的先生，你将来必定还是我的先生。当革命失败的时候，许多党员离开了共产党，有些甚至跑到敌人那边去了，你却在一九二七年秋天加入共产党，而且取的态度是十分积极的。从那时至今长期的艰苦斗争中，你比许多青年壮年党员还要积极，还要不怕困难，还要虚心学习新的东西。什么"老"了，什么"身体精力不行"了，什么"困难障碍"了，在你面前都降服了。而在有些人面前呢，却做了畏葸不前的借口。你是懂得很多而时刻以为不足，而在有些人只有"半桶水"，却偏要"淌得很"。你是心里想的就是口里说的，而在有些人他们心之某一角落，却不免藏着一些肮脏的东西。你是任何时候都是同群众在一块的，而在有些人却似乎以脱离群众为快乐。你是处处都表现自己就是服从党的与群众的纪律的模范，而在有些人却似乎纪律只是束缚人家的，自己并不包括在内。你是革命第一，工作第一，他人第一，而在有些人却是出风头第一，休息第一，与自己第一。你总是拣难事做，从来也不躲避责任，而在有些人则只愿意拣轻松事做，遇到担负责任的关头就躲避了。所有这些方面我都是佩服你的，愿意继续地学习你的，也愿意全党同志都学习你。当你六十岁生日的时候写这封信祝贺你，祝你健康，祝你长寿，祝你成为一切革命党人与全体人民的模范。此致

革命的敬礼！

毛泽东

一九三七年一月三十日，

于延安。

毛泽东为徐特立六十寿辰写的祝寿信。

而朱德则以《你是一个老怪物》为题，向徐特立写信祝贺。在贺信中，朱德写道：

徐老头，你是一个革命职业家，你是一个老共产党员，又是一个教育家。你一生来能勤工俭学，能耐苦耐劳，反抗社会不平制度，并要征服自然，你是一个百折不屈的老革命家。你是封建社会里生长的人，从小就（有）背叛封建社会的习惯，就染着了资本主义革命气习，嗜好民主自由平等的味道，参加了中国一贯的民族革命。

你为得要看穿资本主义的西洋镜，曾跑到了最标本式的欧洲巴黎等地去勤工俭学，仍是不合你的脾胃。毕竟你是一个老怪物，一直跑到了共产主义的营垒来，做了一个无产阶级革命的老战士，你才算是死心塌地的做了下去。

我俩在同一战线中奋斗，在南昌暴动至东征中央苏区，至二万五千里的长征，以至今天，都在一路。我所见到你的革命精神与行动，真是可钦佩的。尤其是你的耐劳忍苦的模范，更兴奋了红色指战员及一般的同志。就是那些悲观失望，想掉队落伍的人们，想起我们徐老头的样子，也就起来跑了。

你是革命模范的人，你是革命前进的人。不管革命历史车轮转得好快，你总是推着他前进的。[1]

朱德贺信以诙谐的笔调，既道出了徐特立的生活气质，也写出了两人超乎寻常的革命友谊。

属于五老之一的谢觉哉，与徐特立在万里长征中结下了终生的友谊，对于徐特立的坚强意志和舍己为人的救助之恩终身铭记。他在为徐特立六十

[1] 朱德：《你是一个老怪物——祝贺徐特立同志六十寿辰的一封信》，《当今一圣人——徐特立寿辰贺词选编》，北京工业学院高等教育研究室、人文社会科学研究所编印，1987年，第6页。

1963年1月，徐特立与朱德在桂林叠彩山明月峰。

1938年，徐特立与谢觉哉在延安。

大寿专门所作的诗中写道：

六十人称老，未能老此翁。三冬恒御褐，万里不须邛。

……

漠漠沮洳地，峨峨暴冻冈。是谁皆束腹，赠我竟倾囊。

攀石如猿上，趋蓬似鸟藏。衣冠自缝缀，莫笑太郎当。

莫谓成功晚，为须见道真。凋零伤旧侣，矍铄有斯人。

相约加餐饭，随群就列陈。开筵梅雪里，同醉一杯春。[1]

最有意思的当属中国文艺协会所作的《徐部长特立同志六秩大寿》诗：

[1] 谢觉哉：《寿特立同志六十初度》，《当今一圣人——徐特立寿辰贺词选编》，北京工业学院高等教育研究室、人文社会科学研究所编印，1987年，第8页。

苏区有一怪，其名曰徐老。衣服自己缝，马儿跟着跑。

故事满肚皮，见人说不了。万里记长征，目录已编好。

沙盘教学生，A I U E O。文艺讲大众，现身说明了。

教育求普及，到处开学校。绿水与青山，徐老永不老。[1]

曾为徐特立学生之一的柳湜错过了为老师祝寿的机会，然而，他之后为此撰写的文章中，却情真意切地表达了对徐特立的仰慕之情：

谁是徐特立先生？提起这个名字来，湖南人几乎可说没有哪一个人不知道的。自然，今日的陕北数十万人民更知道他。看过他的风采，听过他的谈吐，并且和他在一块儿为着民族奋斗。他这个名字是用不着介绍的。

……

我现在这里要向全国读者介绍徐先生，却并不是因为徐先生是一个闻人，一个老共产党员，而是因为徐先生是大家的先生。徐先生的生活内容的丰富，一生奋斗的精神，在我半生中没看见第二个人。我是徐先生门下的一个最无“出息”的学生，我受先生直接教育的时间甚短，但先生的人格、生活，我没有一时忘记过，在我的记忆里，也再没有第二个人可以比得上先生。[2]

柳湜在文章的最后说：

我们在这里介绍徐先生，可以说这与徐先生是一个共产党人很少关系，我

[1] 中国同一协会：《徐部长特立同志六秩大寿》，《当今一圣人——徐特立寿辰贺词选编》，北京工业学院高等教育研究室、人文社会科学研究所编印，1987年，第20页。

[2] 柳湜：《徐特立先生》，《当今一圣人——徐特立寿辰贺词选编》，北京工业学院高等教育研究室、人文社会科学研究所编印，1987年，第16~17页。

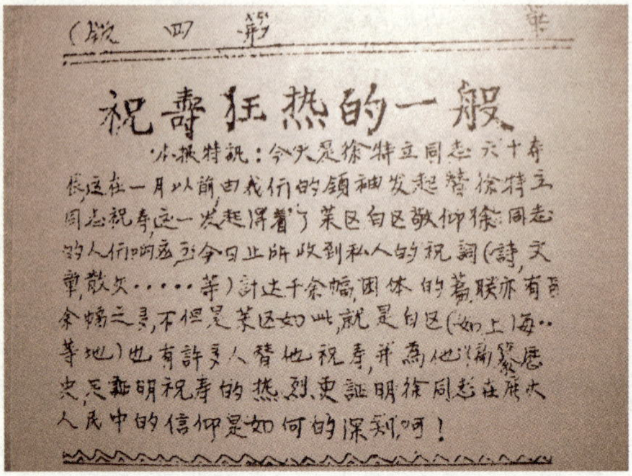

（第四版

祝寿狂热的一般

本报特讯：今天是徐特立同志六十寿辰，这在一月以前由我们的领袖发起替徐特立同志祝寿，这一发起得着了苏区白区敬仰徐同志的人们响应，至今日止所收到私人的祝词（诗，文章，散文……等）计达千余幅，团体的幕联亦有百余幅之多，不但是苏区如此，就是白区（如上海……等地）也有许多人替他祝寿，并为他编纂历史，足证明祝寿的热烈，更证明徐同志在广大人民中的信仰是如何的深刻呵！

《新中华报》的报道。

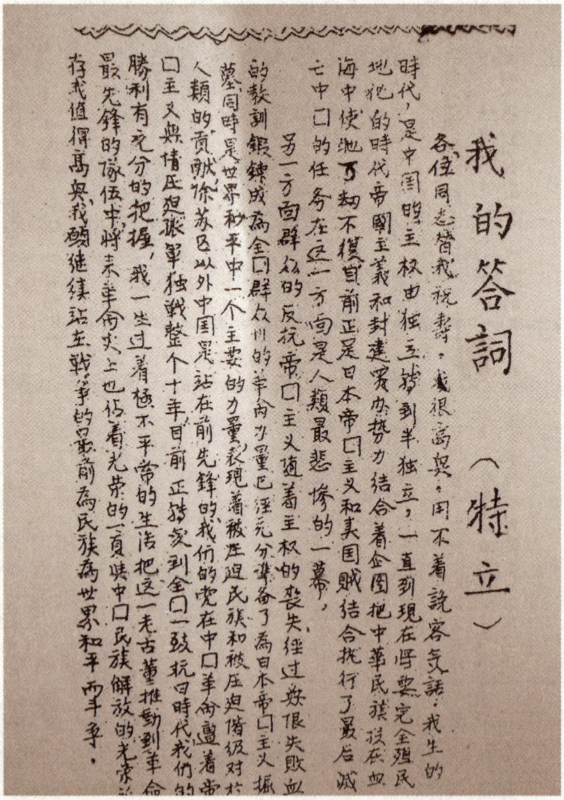

我的答詞（特立）

各位同志替我祝寿，我很高興，用不着說客气話，我生的時代，是中国從主权由独立转到半独立，一直到現在将要完全殖民地化的時代，帝国主義和封建买办势力结合着企图把中華民族投在血海中使他万劫不復，目前正是日本帝国主义和卖国贼结合执行了最后灭亡中国的任务，在这一方面是人類最悲惨的一幕，

另一方面群众的反抗帝国主义随着主权的丧失，经过无限失败血的教训锻炼成為全国群众们的革命力量，已经充分准备了為日本帝国主义埋葬，同时是世界和平中一个主要的力量，表现着被压迫民族和被压迫階级对於人類的貢献，除苏区以外中国是站在前先锋的，我们的党在中国革命遭着帝国主义与情压迫张单独戰整个十年，目前正转变到全国一致抗日时代，我们的……勝利有充分的把握，我一生过着極不平常的生活，把这一老古董推動到革命最先鋒的隊伍中，將来革命史上也仍着光荣的一頁，供中国民族解放的光荣……存我值得高興，我願继续站在戰争的最前為民族為世界和平而斗争。

徐特立在祝寿会上的答词。

们主要的是为的学习生活，而徐特立是我们的一个好的模范。徐先生在今日的中国，尤其是湖南建立的信誉，大半是先生的人格，几乎与信仰无关。在湖南，今日任何陌生的人，提到先生，没有不是十分敬意的，连政治上的见解不相容的，对于先生个人，仍是心折。我们在学习生活的意义上，将先生介绍给国人，"我们怎样锻炼成一个战士"呢？徐先生的一生，具体告诉我们了。[1]

徐特立的六十大寿的祝贺场面诚如《新中华报》在《祝寿狂热的一般》中所报道的：

今天是徐特立同志六十寿辰。这在一月前由我们的领袖发起替徐特立同志祝寿，这一发起得到了苏区、白区敬仰徐同志的人们的响应。至今止所收到私人的祝词（诗、文章、散文等）计达千余篇，团体的匾额亦有百余幅之多，不但是苏区如此，就是白区（如上海等地）也有许多人替他祝寿，并为他编撰历史，足证明祝寿的热烈，更证明徐同志在广大人民中的信仰是如何的深刻啊！[2]

面对边区政府的领导和众多的祝寿群众，徐特立以清晰而理智的分析要求大家在国难关头，万众一心，为民族解放和世界和平而共同奋斗，显示了他无比宽广的胸怀和无私的大爱精神。

---

[1] 柳湜：《徐特立先生》，《当今一圣人——徐特立寿辰贺词选编》，北京工业学院高等教育研究室、人文社会科学研究所编印，1987年，第16~17页。

[2] 徐禹强、徐文浩主编：《万世师表徐特立》，中国档案出版社1998年版，第22页。

心系青少年教育

徐特立终生从事教育，“尤其热爱小学生”，因此，对青少年的教育及健康成长寄予厚爱。在陕北，人们除了怀念他对普通群众所实行的扫盲教育和短期师范培训做出的贡献外，还流传着他与小勤务员的感人故事。

到达陕北以后，由于身为教育部长的徐特立年岁已大，每天工作十分繁忙，夫人又不在身边，因此，组织上曾几次给他商量配备勤务员，以便照顾他的饮食起居，都被他婉言谢绝了。每次看到给他配备的勤务员，他不止一次地推脱说，这些生龙活虎的小伙子，上前线能够杀敌，在后方能够生产，我这老头子用着不合适。但是，有一天，在总务科门口，他遇到了一个提着铺盖卷哭泣的孩子，当问询后知道是被伙食科长辞退的小勤务员时，徐特立的怜悯之心油然而生。他一边劝慰孩子，一边答应帮小勤务员解决问题。小勤务员告诉徐特立，他特别想当红军，但是因为他年纪小，领导说他又脏、又懒、还尿炕，怎么都不愿意留下他。徐特立找到科长，说他年龄还小，这些坏毛病都是可以改掉的。但是，他们还是犹豫不决。这时，徐老坚决地说，那就让他留下做我的勤务员吧。总务科长虽然很高兴，但仍然担心地说：“徐老，这恐怕不合适吧？你是需要照顾的老人了，这个小鬼这样子，是他照顾您，还是您照料他啊？”徐特立不以为然地拍着总务科长的膀子安慰他说：“合适，合适。革命队伍中小帮老，老带小，你看这不是很合适吗？”科长看徐特立态度坚决，便把小勤务员留在了他身边。徐特立安慰孩子说：“不要害怕，我以后教你怎样工作，不懂的事情就来问我，有意见可以提出来，做错了事情不要紧，下次能够改过就是进步。以后我还要教你读书认字呢。”他见小勤务员的衣服又脏又破，脸上因哭泣抹

徐特立和他的小勤务员。

得花一块、黑一块，便马上找出自己的仅有的一套衣服让他换上。他告诉小勤务员，衣服大点没关系，先换上，把身上的衣服换下来洗干净，破洞学着自己补，不会的话找他来教，做几次就学会了。小勤务员按照徐特立的指示，高高兴兴地留了在了他的身边。

平时，徐特立十分关心小勤务员的生活，尤其注意培养他的生活习惯和良好作风。因为小勤务员有尿炕的毛病，夜里徐特立就轻声地唤醒他；小勤务员害怕自己上厕所，他就陪小勤务员去；回来后把被子给他盖好，还把自己的棉衣搭在他被子上。别人都说小勤务员运气好，找了个好爷爷伺候。就这样，在徐特立无微不至的关怀下，小勤务员幸福地成长起来。他进步很快，才几个月工夫，就像变成了另外一个人。衣服收拾得干干净净，整整齐齐，尿炕的习惯也改掉了，还学会了缝补衣服。他有时间还主动跟徐特立学习文化，不久，便被选派去做了机关的油印员，后来又担任了文书和油印股长。不了解他的经历的人看到他工作有头有绪，写写画画，样样能行，就问他哪个大学毕业的。他听后笑着说，我小学都没上过，我的进步是党培养的，是徐老手把手地把我教出来的。延安就是我的大学，教育部长徐老就是我的老师。

徐特立对青年的爱护与希望，还表现在他在不同时期的各种文章与讲话中。1940年11月，徐特立写了《我对青年的希望》一文，载于《中国青年》：

青年需要向各方面发展，应该保持天真活泼进取的态度而不衰竭。一切固有性、偏执性都是不应有的。如果谨慎是必须的，但超过了敢说敢做的态度就会成为一个“少顽固”，老顽固并不足惜，因为他是一个快进坟墓的东西，为害已不久，假设“少顽固”态度，就是社会莫大的障碍。

徐特立说青年的第一任务是学习，在许多场合他都谈到过学习方法。在《我们怎样学习》一文中，徐特立指出学习要有时代性，要有方法和立场，要抓住基本的知识，要打牢基础，要有事业和职业的目的以及长期的计划，有一定的中心对象，要有批评的、革命的、实践的精神等。

1943年3月，自然科学院医训班和补习班的部分同学被调往白求恩大学，徐特立在欢送会上讲话时，赠送他们五个字，即“学、问、思、辩、行”，并对这五字做了详细的解释。学，是课堂的学习和课外阅读；问，就是要有质疑问难精神，刨根问底，不懂就问；思，就是要通过自己的头脑认真思考；辨，即是辨别是非真伪；行，就是要注重实践，理论与实践相结合。徐特立从学习知识、探究真理、独立思考、明辨真伪和理论与实际结合的高度，为青年人的学习与成长指明了方向。

徐特立注重言教，但他更强调“身教”的作用。用他自己的话说自己是“身教主义者罢了”。在延安自然科学院，身为院长的徐特立同青年教师张凌光和沈哲民同住一个宿舍。他经常给张凌光讲微积分，帮助他编写教材，改进教学；也常常帮助沈哲民学习哲学、历史等。他们三人同用一盏小油灯，通常学习到深夜才肯休息。

原教育部副部长、著名教育家董纯才当时是从国民党统治区初到延安的一位青年，经别人介绍到延安来见徐特立。在窑洞内，徐特立热情地接待了这位陌生的青年。后来，董纯才同志曾多次谈起这次见面。他说：那次见面使我终生难忘！当时徐特立已是全国著名的教育家，延安教育界的主要领导人，而董纯才不过是一个普通的青年。可是当徐特立知道董纯才还没有住的地方时，就留他与自己同住，并把土炕上最平坦的一块地方让给他睡，却把自己的被褥挪到不平的地方去。这种细致入微的关怀，使董纯才刚到陕北时那种举目无亲、背井离乡的感觉完全消散，心里顿时踏实热乎起来。他说：“到徐老身边，就像离家很久的儿子回到了父亲身边，这怎能不使我‘终身难忘’呢？”[1]

延安自然科学院的师生们不会忘记，已经六十多岁徐特立老院长头戴草帽，左手提鞋，右腋下夹着教材，在风雨泥泞中从杨家岭踏雨二十里，到杜甫川给大学部准时上课的情形。深情的话语、实际的行动，时刻感染者与他一起学习工作的青年们。在他的带动下，大家都勤勤恳恳、踏踏实实地工作，为培养新中国的科技人才奠定了初步基础。

[1] 董纯才：《怀念我的一位良师徐特立同志》，徐禹强、徐文浩主编：《万世师表徐特立》（上卷），中国档案出版社1998年版，第110~117页。

八　自然科学院的掌门人

1940年，在抗日战争处于最困难的时期，为促进边区建设和保证国防力量，中共中央在延安创办自然科学研究院。同年春，自然科学研究院改为延安自然科学院，定位为培养自然科学人才的高等学府。年底，徐特立接任延安自然科学院院长。在自然科学院任职时期，徐特立提出了他关于科学教育的一系列主张，施行了民主的办学理念，确定了自然科学院的发展方针，富有远见地提出了教育、科技、经济“三位一体”的理工高等教育思想，成为中国共产党最早地成功创办理工高等教育的掌门人之一。

徐特立与陈康白交谈。

科学教育主张

1939年，抗日战争处于最困难的时期。此时，在陕甘宁边区，人民缺医少药，日常用品奇缺；部队武器供给不足，军事力量难以保障。为保障边区建设、加强国防力量，中共中央决定在延安创办自然科学研究院，以促进自然科学研究。1940年春，自然科学研究院改为延安自然科学院，并定位为培养自然科学人才的高等学府。同年9月1日，在延安南门外的杜甫川，延安自然科学院首批新生开学，首任院长是时任重工业部部长的李富春。由于李富春行政事务繁忙，年底，由时任边区教育部部长的徐特立接任院长。

当时，正值抗战最为艰苦的时期，国民党对边区实行了严密的经济封锁，在延安的山沟里创办理工科大学，面临着许多难以预料的困难。建院伊始，就存在着对于边区能不能办大学、怎样办大学的不同的意见和分歧。据武衡在《难忘的岁月》的回忆，由于认识的不一致，徐特立接任院长时，曾经有过自然科学院办与不办的大辩论：一种观点以生物系主任乐天宇等人为代表，认为陕甘宁边区没有太复杂的科学技术问题，经济落后，也根本不需办大学，也没有条件办正规的大学，只办中等职业学校就可以了。另一种观点以生物系教师康迪等人为代表。他们认为自然科学院并没有脱离实际，在边区的实际工作中正是因为缺乏基础科学知识，才遭受了挫折和失误。要办大学，而且要按照大后方的模式，或者照搬国外的经验。

面对不同的意见，徐特立先后在《解放日报》上发表文章，阐述自己对于科学教育的主张，澄清一些人的褊狭观念。在《祝〈科学园地〉的诞生》、《怎样发展我们的自然科学》、《抗战五个年头中的教育》、《具体地分析自然科学的阶级性》等文章中，他系统地阐述了中国共产党创办延安自然科学院的必要性、指导思想和教育方针，他说："科学！你是国力的灵魂；同时又是社会发展的标志。所以前进的政党必然把握着前进的科学。"[1]"自然是个自在地有生命的全体，科学家应该吸收一切经验以丰富自己，对于科学的新的经验的了解必然会增加科学以新的成分。科学家还应顾及到实际条件的

革命圣地延安。

[1] 武衡、谈天民、戴永增主编：《徐特立文存》（第2卷），广东教育出版社1995年版，第202页。

延安自然科学院旧址。

可能和需要，如果没有人力物力的一定基础，幻想提高科学是不可能的。如果当抗战开始时，在边区即提出学校正规化，不需要军事和政治的训练班，是不实际的。如果当没有中小学的时候提出建立自然科学院，也是不实际的。但是有了起码的条件，只等待着条件完全具备而不愿意在已有条件下加以创造，只知道天定胜人而不知道还有人定胜天，同样是错误的。可以说，空想主义和实利主义对科学建设同样是有害的。”[1]通过这些文章，他为边区的自然科学发展和高等理工大学的创办指明了方向。

在没有校舍，缺乏师资，缺乏科研资料和实验设备的情况下，他一方面利

[1] 武衡、谈天民、戴永增主编：《徐特立文存》（第2卷），广东教育出版社1995年版，第198~199页。

林伯渠等陕甘宁边区领导为延安自然科学院勘察校址。

用延安精神吸引进步的爱国青年来此任教，同时积极鼓励大家同心同德，艰苦创业，用自力更生、勤俭节约的精神办好自然科学院。他说：“有困难是坏事，但也是好事，困难会逼着人想办法。”“我们要成为物质的主人，不能成为物质的奴隶，要依靠自己的双手创造条件，把自然科学院办起来。”[1]没有教室，他就带领大家挖窑洞；没有板凳，大家就用砖块当凳子；没有纸笔，就用鸡毛管或树枝在地上写算……当时，学校虽处于被封锁的状态，为提高教学质量，徐特立千方百计延聘优秀教师、吸纳优秀学员；为了解决科研资料

[1] 夏光韦：《在徐老身边工作是幸福的》，转引自陈志明：《徐特立传》，湖南人民出版社1984年版，第155页。

科學園地

祝科學園地的誕生

徐特立

邊區的黃土

林山

《科学园地》的诞生。

徐特立为学生上课的讲稿。

延安自然科学院的师生在做实验。

自然科学院师生在大生产运动中开荒、纺纱。

和仪器设备不足的问题，徐特立主张将全区的图书和设备集中使用，并要建立科学编审的行政组织，有计划地做好图书和设备的集中使用，同时自编一些教材，并争取外援建设了科学馆。

据《延安自然科学院史料》记载，徐特立虽然担任院长，不仅要为办校筹措谋划费心尽力，而且他还亲自主讲联共史，担任政治课。由于他讲的课深入浅出、联系实际，大家都很乐意去听。徐特立虽年高德劭，但他和大家一样，穿的是粗布，吃的是杂粮。他虽然可以单独住一孔窑洞，可他坚持和两位年轻教师住在一起，三人共用一盏小油灯。组织上给他配备了一匹马，可他自己一般不骑，而是将马送到院里驮东西、推磨。在自然科学院，他身体力行，带领师生参加挖窑洞建校舍、开荒种地、加工器材等各项劳动，深得师生爱戴。

正是在徐特立院长的鼓励下，来自全国各地的爱国青年满怀报国宏愿，以火一般的热情投入到学校建设和学习生活中。他们住的是土窑洞，吃的是小米饭，自己动手挖窑洞、建校舍、筑实习工厂，冬天在窑洞里学习，夏天在大树下上课……虽然学习和生活条件艰苦，但是，自然科学院的课外活动却十分丰富：有文艺小组、通讯小组、农艺小组、英文小组、京剧小组、跳舞小组、绘画小组、话剧小组和国乐小组等等。这些课外活动寓教于乐，使自然科学院的学习生活变得丰富多彩。当时流行的一首校园歌曲真实地记载了延安自然科学院师生们学习和生活的场景：

我们的生活艰苦而紧张，
我们的革命热情却日益高涨。
谁说我们没有课堂？
我们有世界上最大的课堂。
蓝天是我们的屋顶，
高山是我们的围墙。

延安自然科学院的实习工厂。

谁说我们没有教具?

自创的教具更加漂亮。

谁说"土包子"不能办大学堂?

我们的信心比泰山还要稳固,

我们的意志比钢铁还要坚强。

为了祖国的新生,为了民族的解放,

任何困难也不能把我们阻挡![1]

在办学实践中,徐特立大力倡导实习工厂建设,尽可能地使理工教育与当时边区的生产劳动相结合。学院先后办起了机械实习工厂、化工实习工厂、玻璃厂等作为院内实习基地。此外,还与附近的光华农场及边区的主要工厂建立了密切联系。同时,他还利用多种形式,组织学院师生参加实习、社会实践和科学调查研究工作。师生们自力更生,勇于探索,研制出了黄色炸药,供应八路军急需;成功生产了制造手榴弹所需的优质灰生铁;试制成功了马兰纸、钞票纸,解决了边区纸张奇缺的困难;发明了定边打盐技术,既解决了西北人民缺乏食盐的问题,也奠定了边区化学工业的基础。此外,徐特立还带领师生调查了边区煤、铁、盐、碱等矿产以及生物分布情况,对南泥湾做过先期调查研究和规划工作,提出了建设方案。虽然这些技术现在来看并不先进,但在当时却极大地解决了边区的实际困难。

自然科学院共培养了500余名科技领导人才,青年学生绝大多数成为了新中国各项建设的骨干。在自然科学院的知名校友中,李鹏、叶选平成了国家的领导人;第四任院长李强是无线电专家、中国科学院院士,并在多个部门

[1] 夏光韦:《在徐老身边工作是幸福的》,转引自陈志明:《徐特立传》,湖南人民出版社1984年版,第156页。

担任过领导职务。自然科学院师生中还有八位中科院和工程院院士。他们分别是：中科院院士、化学家钱志道，中科院院士、地质学家武衡，中科院院士、哲学和经济学家于光远，中科院院士、制药化学家恽子强，中科院院士、机械工程专家沈鸿，工程院院士、钢铁冶金建筑工程专家戚元靖，工程院院士、石油化工专家林华，工程院院士、核动力专家彭士禄。此外，自然科学院师生中还产生了多位共和国的部长，如：司法部长蔡诚，建设部长林汉雄，人事部长赵东宛，轻工业部长曾宪林，能源部长黄毅诚，冶金工业部长戚元靖等。另外，还有多人成为各军兵种部队的领导人。真可谓：圣地光辉育新人，英才济济启后昆。

延安自然科学院虽然只持续了五年时间，但她不仅取得了许多前所未有

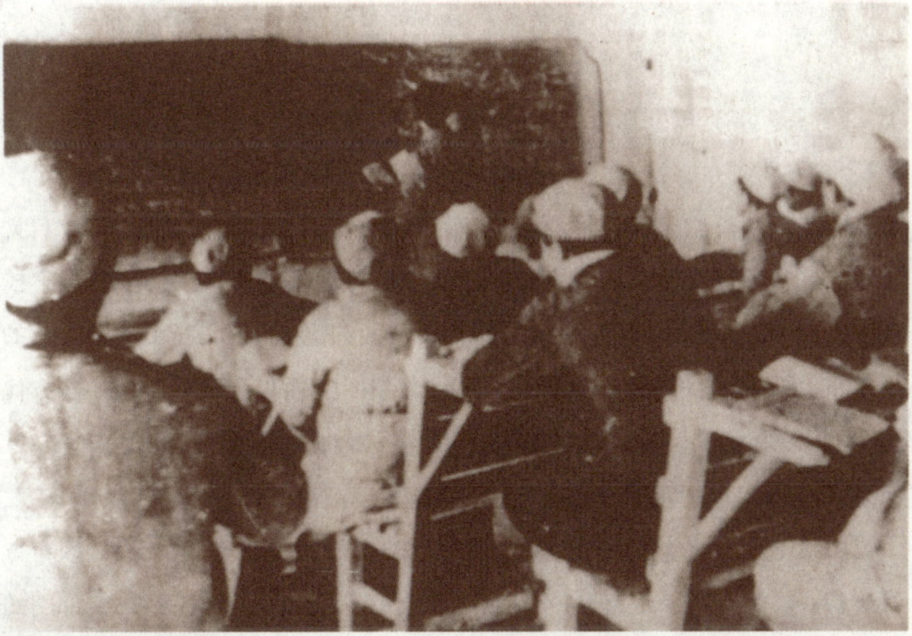

自然科学院学生在听课。

的成就，更重要的是探索了举办中国式的社会主义大学的道路。在任延安自然科学院院长（1940年到1943年）期间，针对抗战和办学实践的需要，徐特立集中撰写了《关于教育问题与戴伯韬的谈话》、《怎样学习哲学》、《新民主主义教育的基本内容》、《我对于青年的希望》、《怎样进行自然科学研究》、《怎样发展我们的自然科学》、《祝〈科学园地〉的诞生》、《我们怎样学习》、《生活教育社十五周年》、《再论我们怎样学习》、《抗战五个年头中的教育》、《各科教学法》和《对牛顿应有的认识》等一系列论作，对兴办自然科学和高等理工教育提出了许多具有远见卓识的观点，包括"群众本位"的教育思想，教育、科研、经济"三位一体"的理工高等教育办学模式，民主办学的理念等。这也使他成为具有举办从扫盲学校到小学、中学、职业院校、师范院校再到高等院校办学实际经验的少有的现代教育家。

民主办学理念

徐特立是一位思想与时俱进的学者，也是一位崇尚因地制宜办学、自觉实施科学民主思想的教育家。早在创办长沙女子师范和兼任长沙师范学校校长期间，他就身体力行从自己的办学实践做起，在两校实行了颇具新意的"董事会制"与"校务会议制"改革，将学校的管理权利下放给校内各方代表，以培养师生的民主意识，令两校的师生为之振奋。徐特立的这一思想在执掌自然科学院时期再次得到了充分的彰显。

1942年，在徐特立的主持下，自然科学院进行了一场历时10个月的教育方针大讨论。在大讨论中，他充分发扬民主作风，吸引了延安各界25个部门的人士、共约300余人参加。讨论期间，中共中央机关报《解放日报》，除全面报道讨论情况外，还全文刊载了徐特立和乐天宇、康迪、林山、李强，沈鸿、刘咸一、钱志道、汪鹏、江泽民、李大璋、钱伟英、崇实等人的文章。自1940年到1943年初，徐特立发表了十余篇相关论文，对于这次大讨论中出现的问题提出了自己的主张。

徐特立说："民主的本意就是不由少数人包办。那么新民主主义的教育就不应该是教师本位主义，而是学生本位主义。"[1]他认为学生是主人，教师是公仆，是为学生服务的。学生应有他们自己的组织，对于学校的管理和教育会议，学生应推派代表参加，学校对于学生组织只站在帮助和辅导的地位。"在课外"可以自由研究，可以自由讨论和批评。

在自然科学院，"学生在预习、听课和练习时，时常发现一些疑难问题，经自己努力解决不了的，就请教同学和老师。有些难题提交小组或班级进行讨论漫谈。若在漫谈中发生分歧，就可能引起一场班级大讨论。尤其是对复习题、联系工作生产实际的问题以及对形势的分析，往往会形成不同的看法。辩论中，大家动脑筋，勤思考，翻阅资料，查找依据，都想将自己的看法谈得更深刻、更充分，此外，还想准确而全面地抓住对方要害而将其说服。质疑问难、热烈辩论的学习风气，将学生的学习推向了深入"[2]。

在自然科学院任院长时，他引进了来自白区的大批优秀知识分子，并且在整风运动中保护他们。副院长陈康白是留德回来的，生活习惯有些洋味。当时延安只有一头奶牛，只有几位老人或有特殊需要的人每天才发一瓶牛奶，为了优待知识分子，也发给陈康白一瓶，可是他要放酸了才喝。有人说他是"资产阶级知识分子"。徐特立听到反应，就给同志们解释：陈康白很有知识，很有远见，很有能力，是我们很需要的人才。至于他对边区的生活，总

[1] 武衡、谈天民、戴永增主编：《徐特立文存》（第3卷），广东教育出版社1995年版，第362~363页。
[2] 李龙如、李暄著：《一代师表徐特立》，岳麓书社1998年版，第303页。

有一个过程，他会习惯的。后来，陈康白被委以重任，担任了自然科学院的院长。

50年代，当徐特立得知一些地方还存在体罚学生的现象时，非常气愤，他对这种体罚学生的做法给予了严肃批评。他说："在人民民主国家的小学里，还存在着体罚，这是一个严重的问题，即是与人民民主制度对立的问题，与我们的社会制度不相容的问题……要帮助干部、小学教师广泛地补上民主课，树立民主平等的思想。"[1]

延安自然科学院时期的校友，时任国务院副总理李鹏，在1986年北京工业学院徐特立铜像揭幕典礼上发表讲话，说："他（徐特立）主张教育民主，尊重知识，爱护人才。他实行民主治校，同时又提倡从严治校，所以，他办的

1986年，李鹏在北京工业学院徐特立铜像揭幕典礼上讲话。

[1]武衡、谈天民、戴永增主编：《徐特立文存》（第3卷），广东教育出版社1995年版，第362~363页。

学校，民主空气浓厚，师生思想活跃，同时又纪律严明，充满团结和谐的气氛……”[1]李鹏的讲话，是对徐特立民主教育思想的最好概括。

“三位一体”模式

1940年12月，徐特立主持自然科学院。结合自然科学院的办学实践和办学方针的讨论，徐特立研究了教育与社会发展、科技进步、生产发展的关系，提出了教育、科技、经济“三位一体”的理工高等教育思想。1941年10月14日徐特立在《解放日报》副刊发表《祝〈科学园地〉的诞生》一文，文中强调：“科学教育与科学机关以方法和干部供给经济建设机关，而经济建设机关应该以物质供给研究与教育机关。三位一体才是科学正常发展的园地。”[2]这里的“方法”即科学技术；“干部”指“人才”；“物质”则包括生产资料和资金，此三者构成了生产力的基本要素，有效结合可以推动生产力和整个社会的巨大发展。

在如何实现“三位一体”的教育发展模式上，徐特立也提出了组织上的实施措施：“要与军工局、建设厅等机关所属的各工厂、农场密切联系起来，把理论与实际做到真正的联系。”“可以成立一个‘学校管理委员会’，各工厂、农场的负责同志，也作为主人翁参加，彼此商谈。工厂、农场需要哪一种人才，学校就培养哪一种人才。以后我们和军工局、建设厅、自然科学研究会等，必须彻底清除成见，解决彼此间的困难问题”，协调发展，共同进步，“使学院在现有基础上来一个突变，把它发展到一个新的阶段”。[3]

[1] 武衡、谈天民、戴永增主编：《徐特立文存》（第5卷），广东教育出版社1995年版，第446页。
[2] 武衡、谈天民、戴永增主编：《徐特立文存》（第2卷），广东教育出版社1995年版，第202页。
[3] 武衡、谈天民、戴永增主编：《徐特立文存》（第2卷），广东教育出版社1995年版，第257页。

为保证实施效果，徐特立还制定了更为细致的实施方案："与边区各有关实际工作部门建立一定组织上或工作上的联系，各有关实际工作部门负责人，依具体情况，直接参与本校有关院系的教育工作之领导。"[1] 这种组织管理模式通过自然科学院的办学实践，突破了旧有办学思想和办学体制的束缚，走出了一条教育发展的新途径，开辟了我国产学研以及高等教育教学、科学研究与生产劳动两个"三结合"的发展道路。

[1] 武衡：《延安时代科技史》，中国学术出版社1988年版，第85页。

九　“中国化”教育的开山者

徐特立是新民主主义教育事业的奠基人，同时，也是20世纪的教育家中最早提出并尝试“教育要中国化”的开山者。他关于“群众本位”的观点、“教育要中国化”的思想、对于“实事求是，不自以为是”学风的提倡以及体系化的国民公德等理论都闪烁着真知灼见。正是这些观点，使他在中国现代教育史上成为独树一帜的教育家。

1940年，徐特立（前中）与周恩来（后右）、叶剑英（后左）、董必武（前左）、林伯渠（前右）、博古（后中）在重庆合影。

"群众本位"的提出

1940年初，周恩来指示戴伯韬协助徐特立整理关于"群众本位"的教育思想，但是，由于战乱不慎将原稿遗失。同年，徐特立回延安后，在《与戴伯韬谈陶行知的教育（1940年在重庆）谈后的追述》一文中又重新谈起了教育问题。在此文中，徐特立较为完整而全面地思考了教育的本质、作用及其方法等问题，对教育科学提出了独到的见解。

关于教育学说的性质，徐特立指出：教育学说与一切其他学说一样受着历史和一定的社会关系的限制，因此，它具有严格的时代性。"所谓教育家并不是特殊的个人，只是一定时代的社会代表，他的学说是时代思潮表现在教育的一个侧面。所以教育学说不是抽象的一般学说，而是有历史意义的学说。"在此，徐特立首次提出了他的教育家观和教育学说观。

关于教育的本质，徐特立认为：教育的本质即生活，但在整个生活基础上，教育只不过执行人的社会生活的一个侧面。因此，离开了生活就无所谓学，离开了学也无所谓教。至于教与学的对立，先觉与后觉的对立，是整个社会生活对立而在这一侧面的表现，且只是一种官学的表现……

对于教育科学及教育家，徐特立也有独到的见解。他认为：教育的基础和作用虽然是生活，但人类的生活不是个人孤立的盲目的生活，而是一种合目的的生活，适合于政治条件、社会条件及自然条件的生活。所以教育科学也不是孤立的科学，而是建立在自然科学和社会科学上的一种科学。因此，所谓教育家必然同时是政治家、科学家、职业革命家等等。

关于教育方法，徐特立指出：一切方式和方法都是被本质决定的，所以不同的本质就被不同的方法所表现。从而教学做各个对立或合一，随时在教育上不同的方式表现，实际上这些方式，是它自己不同的本质表现。历来的教支配学，学支配做，是官学传统的方法，它的教育本质也就是官治代替自治的社会本质。所以非民治社会，就不会产生什么教学做合一的方法。非群众的力量已经成为社会公认的一种力量，也就不会有教育群众化。而施教者从受教者学的新方式，也只有在产业上，革命斗争上及实验中发现了真理、证明了真理，并纠正了认识上的错误和缺点，才会在教育上把“做”确认为教学的前提。因此，可以断言：教育的本质和方式是受同一的历史条件和社会形势决定的。

由此，徐特立对陶行知的教育学说进行了评析。他认为：陶行知先生的教学做合一的方法，无疑是中国革命条件下的产物。陶先生主要的方法“教学做合一”是革命的方式，是以群众为学生，且以群众为教师的方式。他在论著及教育的小册子上，针对着中国教育脱离现实的危险，在师资缺乏、经验缺乏，劳动者忙于谋生不暇学习的情况下创造了以下的理论：打破先生关、打破学校关、打破纸笔关等等，所有这些，都是革命的方法，以哲学来说明即是十足的辩证法的方法。

最后，徐特立对于国外当时流行的教学方式进行了剖析。他认为：资产阶级的教学方式如道尔顿制、设计教学、自学辅导式及启发式等等，只不过是资产阶级的民主制在教育方面的表现。它们否定了注入式的、封建的教师本位、教科书本位，转变到学生本位及生活本位，这些转变有其进步性；但是，它们只是资产阶级有限的民主在教育上的反映。因此，虽然它们从教师本位转到学生本位，然而，它们还没有进步到群众本位。[1]

由此，徐特立第一次系统地阐述了教育的本质、教育的方法、教育的对象、课程的目的和课程与教材的关系等基本问题，并高度赞扬了陶行知教学做合一的理论。他认为陶行知的做法是符合中国社会实际的教育，与中国的实际结合，与劳动群众的生活联系，只是陶行知本人并未说明而已。此处，他首次提出了“群众本位”的概念，这是徐特立打算将自己的教育经验上升到系统的教育理论的开始。

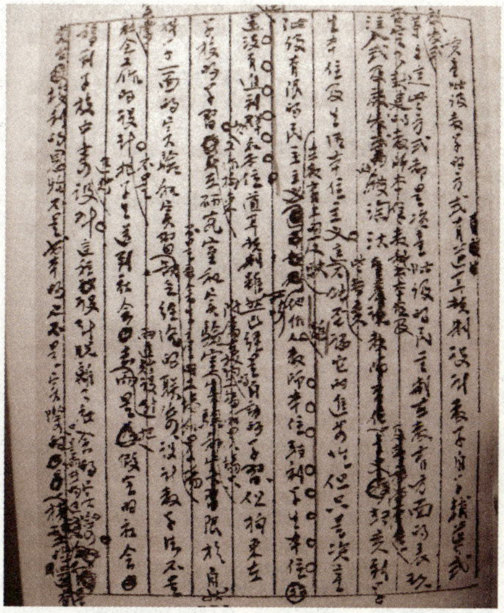
1940年，徐特立关于“群众本位”教育思想的手迹。

1940年5月18日至6月18日，徐特立花一个月的时间，写了数万言的长文——《怎样学习哲学》。文中他从哲学谈到科学、历史和艺术的自然的和必然的联系，并指出联系本身就是科学的规律，这种规律是不由人的意志来变更的。由此，他谈到了各门科学之间的联系，同时还以马克思的《资本论》为例，论证了科学的历史学产生的过程。对于各门科学，他强调：“不独要以学者为师去学习，主要的还是要向行动的大众去学习。领袖之所以高于

[1] 武衡、谈天民、戴永增主编：《徐特立文存》（第2卷），广东教育出版社1995年版，第140~142页。

大众，是因为他从各个方面得到大众的报告，吸收大众的意见，以大众为耳目，所以所见者远，所以就成为大众的领袖……魏伯子说，天下唯四高之人最难受益。所谓四高，即年高、学高、德高、位高，因为过高而脱离大众，所以顽固，这足为领导者戒。”[1]

关于真理问题，徐特立认为，真理是历史的必然性，在人类历史长期的实践中发现真理且校正真理，不是由范畴发现真理校正真理，这一点有马克思、恩格斯等人的言论为证。此外，他在谈到陶行知的观点时说：“三四年前的《生活教育》上，陶行知先生曾有一篇论说：‘行动产生真理，只有真理的行动，才能产生真理。’这里他与旧唯物论鄙视污蔑卑贱者的行为是一致的。我在论说上曾作了这样的批判：‘一定要从真理产生的行为产生真理，那么实际上仍然是真理产生真理，哲学产生哲学，只不过中间有行为作媒介罢了。而且只有真理的行为，没有错误的行为，就只剩下行为中的一小部分，且人类历史的行为是从错误到正确，否定了错误的行为，就不是整个历史的人类行为，由野蛮社会及蒙昧社会给我们认识自然的遗产全部都否定了。我认为人无智愚尊卑，行为无论自觉或不自觉，都是认识的标准，错误的非真理的行动，必然会给以血的教训。这教训就是认识。’”徐特立虽然称陶行知为先生，但他并未盲目崇拜“老师”，而是实事求是地对陶行知的理论加以分析，并对其理论的不完善处进行了批判，这与他所说的“一切东西在辩证法面前没有神圣”的原则是一致的。

从《怎样学习哲学》、《新民主主义教育的基本内容》到《再论我们怎样学习》，徐特立就此表明了系统学习和研究教育理论，并构建自己系统的教育理论的决心。

1942年3月15日，徐特立在《解放日报》发表《生活教育社十五周年》一

[1]武衡、谈天民、戴永增主编：《徐特立文存》（第2卷），广东教育出版社1995年版，第148~149页。

文，此文高度评价了陶行知的学说。

同年4月1日，他发表《再论我们怎样学习》。文中他不但谈到了读书学习应当采取的态度问题，还以陶行知的事例做了详细说明。他说：

陶行知是中国的教育家，谁都知道的。但大部分人只知道他发明了教、学、做合一，发明小先生制，而不知道他是极端反主观主义的模范。因为他不自满，才发现儿童的天才，发现儿童是成人的先生，即韩愈所谓“弟子不必不如师（学生可以高于先生），师不必贤于弟子”。陶行知原名知行，一日发现了自己的根本错误，即发现了把知放在第一，把行放在第二的错误，立刻把自己的名字颠倒过来，也即把自己一生的行为倒转过来，否定自己，反对自己。[1]

徐特立认为，陶行知的这种知行合一的精神，是很多马克思主义者所不具备的。他说，陶行知不是马克思主义者，不是布尔什维克……陶的先生是杜威，我们的先生是马、恩、列、斯。杜威以下产生了陶行知，杜威给陶以小本钱，陶竟成了一个富商大贾。马、恩、列、斯给了共产党人许多财富，可是我们还不能很好地使用，还产生了宗派主义、主观主义，尤其是把他们的唯物辩证法变成了《新旧约》、《可兰经》及南无阿弥陀佛。

由此，他认为：我们虽然读了很多马克思主义的书籍，可是有一句最主要的没有读懂，即《费尔巴哈论》上说的“一切东西在辩证法面前没有神圣”。有些同志把自己作神圣看，又自命为马克思主义者，这是极其要不得的行为。江苏的俞子夷先生，他是日本鸿文训练班的学生。他去日本学习的时间，不过半年，可是，他在中国教育界却做出了极大的贡献。陶行知创造了教学做合一，尤其是反对了普及教育的教条主义，发明了小先生制。他们的做法都是从

[1]武衡、谈天民、戴永增主编：《徐特立文存》（第2卷），广东教育出版社1995年版，第222~226页。

实际出发并与中国实际结合的产物。

徐特立认为，陶行知实行的小先生制，与他在江西所推行的小先生制“密合”，但是他自己只有行动，却没有理论；而陶行知既发明了理论，又有实际行动，陶行知实际上比他本人高明。徐特立说：“我不是陶行知的学生，但我常尊敬他为师，我与故旧通信，署假名常署‘师陶’。”[1]

此处，徐特立除了赞赏陶行知的教育理论外，还将自己与陶行知相比，称“自己只有教育行动，没有教育理论”。因此，这一时期他加紧了对教育理论的学习与研究，并集中发表了相关的文章，尤其是在延安自然科学院时期，他集中发表了关于自然科学研究，科技人才的培养，教育、生产和经济“三位一体”等一系列具有前瞻意识的观点。他倡导应当“具体地分析自然科学的属性”，并强调“创造教育”，首次提出了“创造与传统对立”的创造教育观。

1945年10月，他在《关于教育问题的谈话》中，对教育的对象、内容和方法进行了深入分析。

他说，我们的教育有我们的一套，为什么有我们的一套呢？因为历史的发展产生了我们的教育。由此，他阐述了历史唯物主义的教育观。通过一系列的理论学习，加上他长期丰富的教育实践经验，他在1946年7月9日同张凌光谈到有关教育的问题时，已不再认为自己没有理论了。他说：“只拿别人的东西，自己不想或者只坐在那里想就不会有前途。陶行知办教育，从社会中来，到社会中去，从生活中来，到生活中去。陶行知不只是教育家，而且是社会运动、青年运动和儿童运动的领导者和组织者。他的主张教育运动中的全面性的东西，是原始的全面的东西，但各个侧面还没有很好地发展。陶行知的主张在行动方面、在理论方面我们都有一套，但还没有综合成全面的理论和制度。”[2]

---

[1] 武衡、谈天民、戴永增主编：《徐特立文存》（第2卷），广东教育出版社1995年版，第222~226页。
[2] 武衡、谈天民、戴永增主编：《徐特立文存》（第3卷），广东教育出版社1995年版，第117~118页。

1948年，徐特立与解放军指战员合影。

1948年，徐特立在河北阜平和群众在一起。

然而，由于延安的战争环境与繁忙的工作，徐特立进行系统的理论创作的条件并不具备，他却一刻也没有停止理论的学习。1946年8月11日，徐特立出席延安各界公祭陶行知的大会，作为公祭人之一，他致词并于次日发表了《陶行知的学说》，对陶行知的学说做出了深入细致的分析。同年9月，发表《中国教育家陶行知先生的学说》，又对陶行知的教育思想进行了系统的评述，并赞扬陶行知的教育思想是符合辩证唯物主义实际，并将理论与实践结合的教育理论。

1949年中华人民共和国建立，和平的环境终于使徐特立有了系统地阐发他的教育理论的环境和条件。因此，从1949年10月开始，徐特立每天上午8时在中共中央宣传部教育研究室对工作人员谈话一个小时左右，讲话的内容由于共三、廖奕二位同志分别记录，以《讲学录》为题被整理出来。《讲学录》可以看做是徐特立系统地阐发"群众本位"的教育理论的前奏。

1950年他以《教育讲座》为题对于教育的本质、对象、方法、课程、科目和教材等发表全面的论述，并在《河北教育》上连续发表，之后又对课程标准及课本的重要性等问题发表见解。

1951年，徐特立在《人民教育》第二卷第4、5、6期和第三卷第1期连续发表了《各科教学法讲座》的《前言一》和《前言二》。同年3月15日，在《教师日报》创刊号，又发表了他给该刊编辑的一封信，说："最近我替《人民教育》写的关于各科教学方法的文章，都是长篇而体系化的文章，而时间需要一年才能写完。"[1] 这是徐特立教育思想体系基本建构完成的标志。

---

[1] 武衡、谈天民、戴永增主编：《徐特立文存》（第4卷），广东教育出版社1995年版，第265页。

“中国化”的教育原则

毛泽东于1940年在《新民主主义论》中指出，我国新民主主义文化的方向即民族的、科学的、大众的文化。同年，徐特立撰写了《新民主主义教育的基本内容》一文，进一步阐述了新民主主义的教育原则，即“科学化、中国化和大众化”，在此，徐特立首次提出了“教育要中国化”的问题，成为教育“中国化”思想的先驱之一。

在《新民主主义教育的基本内容》一文中，徐特立首次指出了“教育要中国化”的问题，这一问题是与教育的科学化与大众化联系在一起的。他说：

新民主主义政权下的教育的中心问题是普及教育，实施劳动教育的问题（即生产教育）；而新民主主义教育的原则问题就是教育要科学化、中国化和大众化。所谓科学化就是要把生产的、革命的经验和常识，转化为自己的“血”和“肉”，其内容是新民主主义的。我们需要历史遗产，但要现代化；我们也需要国际的一切科学，但要中国化；在落后的乡村，更要乡土化。所谓大众化，就是一切文化教育，无论是方法或内容，其注意力都要放在大众的身上。

他认为，教育的材料和方法应该注重实践，尤其是大众的实践。因此，教材和教法即教学的中心内容都应当得到科学化，但反对科学神秘化。他指出：我们主张中国化，但反对将那个中国化的口号曲解为复古，曲解为保存国体；我们是主张大众化，但反对把大众化的口号曲解为庸俗化，曲解为大众不能接受科学，而降低科学为常识。我们所谓大众化不是害怕科学，而停止在常识上，而是要把科学建立在大众旧有的经验及旧有的常识上。

显然，徐特立认为新民主主义的教育原则问题是科学化、中国化和大众化，其核心问题是“普及教育问题”，而要实现科学的普及教育，又必须有大众的参与和实践，其前提与核心必须是“中国化”。

对于如何实现教育中国化的问题，徐特立有自己的独到见解。他强调实行创造教育，具体地说就是采用“古今中外法”。

徐特立关于教育中国化及其实现的方法，在他于1943年1月5日纪念牛顿三百周年大会上的讲话中讲得十分明确。在“对牛顿应有的认识”一文中，他说：牛顿的力学是数学综合生产的经验产生的新理论。他认为：

凡是伟大的人物，他之所以能够创造出新的事物，都是由于他吸收了过去人类历史的知识遗产而来的。凡是前进的东西，都是从落后的东西发展而来的，绝不是凭空产生的；落后的东西给前进的东西以创造的基础。比如牛顿发明微积分，他就少不得集合、代数，同时也需要力学上运动的原理，而几何最初是由埃及测地学来的，埃及先有几何的应用，后来传到希腊便变成逻辑的东西了。先有了实事，然后才有了逻辑，先有了埃及的测量土地，才会有希腊的逻辑性欧式几何学。这里说明牛顿的学术不是无历史根据的。所以产生一个伟大人物，必有其长期的历史。我们有些同志轻视资产阶级的学说，想凭空创造是过左的、错误的……[1]

以牛顿的成长及其学说为例，徐特立指出了伟大人物产生的条件和学术研究应有的态度。他认为，产生牛顿这样的伟大人物，需要具备两个条件：一要要继承过去的遗产；二是要有新的生产产生。只有了解过去的历史，才知

[1] 武衡、谈天民、戴永增主编：《徐特立文存》（第2卷），广东教育出版社1995年版，第266~267页。

道它发展的情形。牛顿的学说已经产生了三百年，三百年来又增加了许多新东西。我们现在纪念牛顿，就是拿他的东西来研究，批判地学习他的方法，并把它变成自己的方法，以及在现实的条件下，在具体的环境里，应用它来产生、创造新的东西。在此，他尤其强调教育应当注意创造，强调应根据过去的经验与目前的实际结合来创造新的东西。他说：离开过去的经验，忽视了一般规律，高谈创造便是空话，必须根据人类历史的经验和目前的实际结合起来，才能算创造。一切否定过去和忽视当前的条件都是教条。

关于学术研究，徐特立强调经验的重要，同时还特别强调，要能够将经验上升到理论，要注意学习与研究的原则，使理论与实践结合。最后，徐特立明确地提出了学术研究应采取的态度与原则：即“古今中外法”。他说：

毛泽东同志提出的古今中外法，就是说我们古代的也要，现在的也要，外国的也要，中国的也要。把古代的变为自己的和现代的结合起来，把外国的变为自己的和中国的结合起来，这样看问题才是马列主义的方法。

由此，徐特立关于教育要中国化的思想和方法被明确而系统地呈现了出来。

在1949年10月27日至11月12日半个月的时间里，他同身边的工作人员在《讲学录》里三次以“科学化、民族化和大众化”为议题，阐述自己的教育观点，并于12月18日以“科学化、民族化、大众化的文化教育”为题，在《新建设》发表专文。

徐特立在文章中指出：要完成毛泽东主席在人民政治协商会议开幕词中所指出的迎接文化建设高潮的任务，必须做到三点：首先，要有步骤地整理、继承自己的遗产，发扬先人创造文化的伟大精神。其次，要学习苏联，并采取必要的方法，使它与中国建设的具体条件结合。学习苏联的建设经验和技术的方法，同样要以毛泽东学习马、恩、列、斯的革命方法，使它与中国建设的具体实践结合。他强调：学习苏联的目的是为实践《中国人民政治协商会议共同纲领》，建设新民主主义的中华人民共和国。最后他说：我们不但要学习苏联，而且要吸收资本主义国家的知识遗产，就是我们祖宗遗留下来的遗产，也必须加以彻底的清算再吸收之，这样才够真正做到科学化。

徐特立提出将“科学化、民族化和大众化”作为中国新民主主义教育的文化建设宗旨和“教育的基本原则”[1]，而且认为“三化”都要符合中国社会当时的教育实际，即要符合“教育中国化”的状况。这一思想不但在教育思想史上具有开创意义，同时，也奠定了从新民主主义教育向社会主义教育过渡时期的理论基础。

实事求是的学风

1941年12月17日，中共中央政治局通过了《中共中央关于延安干部学校的决定》，其中第十三条对学风做出了规定：“应在学校内养成学生自由思想、实事求是、埋头苦干、遵守纪律、自动自治、团结互助的学风，而坚决反对主观主义、宗派主义、教条主义、好高骛远、武断盲从、夸夸其谈、自以为是及粗枝大叶不求甚解的恶习。关于这种学风的养成，教职员应该以身作则。”[2] 这是中国共产党的文件首次明确地做出规定，要养成“实事求是”而“不自以为是”的学风。作为一个注重实际的教育工作者，徐特立对于这一

[1]武衡、谈天民、戴永增主编：《徐特立文存》（第4卷），广东教育出版社1995年版，第21~27页。
[2]《延安自然科学院史料》编辑委员会编：《延安自然科学院史料》，中共党史资料出版社、北京工业学院出版社1986年版，第27页。

学风的体会更加深刻。在许多场合，他都明确地指出，无论是党风、校风，还是个人作风，都要坚持“实事求是”。

1949年10月，徐特立为《河北教育》创刊号题词：《实事求是，不自以为是》。他认为：“‘实事求是’一语说起来十分简单，做起来难于上青天。尤其是有学问的知识分子，卖学问，卖知识，常常不问市场情况，一切从主观出发，不易接受批评，又缺乏自省（即缺乏自我批评），以学风一文中毛泽东所指出的话来概括，就是‘自以为是’。”[1]他反对骄傲自满，主张谦虚谨慎，并强调学风中最主要的是“实事求是，不自以为是”两句话、九个字。

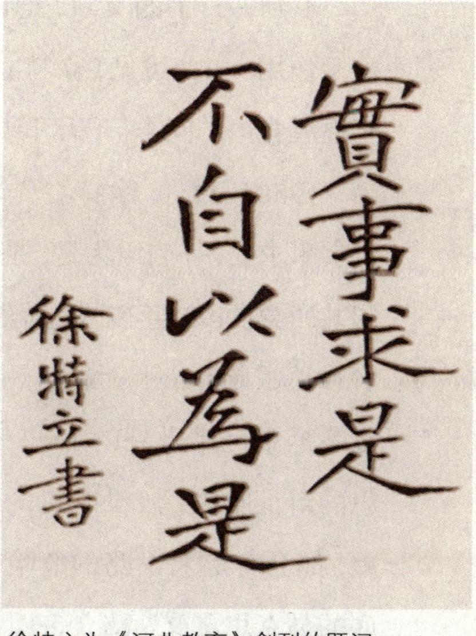

徐特立为《河北教育》创刊的题词。

1949年，徐特立在《讲学录》第五十八则中，对“实事求是”做出了详细的解读。他说“实”是客观的物质，“事”是物质的运动，“求”是自动自觉地反映，“是”是辨证的真理。所以“实事求是”是马列主义的精髓和骨干；是合乎辩证唯物论的真谛。我们要继续“实事求是”，要不断地求是。[2]在徐特立看来，“实事求是、不自以为是”应

[1] 武衡、谈天民、戴永增主编：《徐特立文存》（第4卷），广东教育出版社1995年版，第1~2页。
[2] 武衡、谈天民、戴永增主编：《徐特立文存》（第4卷），广东教育出版社1995年版，第124页。

是个人与组织时刻坚持并用以自律的原则。作为一种个人作风，他自己真正做到了，并坚守终生。

1953年斯大林逝世。徐特立在5月份写给《新观察》编辑部的回信中，以《自以为是者的前途》为题撰文指出："自以为是，是思想生命的一个病态。生命是不断地新陈代谢。自以为是者，他保守旧有的东西不加自我批评，旧的物质不能排泄，就没有办法吸收新的东西，就是思想生命的断绝。如果他是一个老头子，他行将就木焉，危害社会还不大，就可让他顽固；而年轻的人，前途远大，成熟过早，目中无人，不独危害自己，同时更会危害社会。少年得志，成功者少。古代的状元，无一有学问者，就因为他自以为状元了。自以为是，就是主观主义。如果主观主义再形成一伙，就是宗派主义。"[1]

不到一百字的文章，把自以为是者的前途分析得透彻淋漓，具有较大的警示作用。由此可见，徐特立此信之意不在于评价斯大林的功过是非，而在于提醒党内的同志，千万不要重蹈"自以为是者"的覆辙。

1950年11月，徐特立先生在为湖南第一师范学校的题词中再次强调："实事求是，不自以为是，是我们领袖毛泽东同志的作风，是由他所领导的中国共产党自1935年以来，所倡导的党风。这种作风是对学习、对工作、对领导者和被领导者、对一切人、一切事业都是需要的。它不是高深难了解的理论，也不是艰巨难做到的工作，是一句极平实极老实的口号，但它的本质是马克思的辩证唯物论。没有它，一切革命、一切建设、一切工作和学习，都会有偏差，都会有走上歪路的危险……毛泽东同志的作风是老老实实的作风，是彻底的马克思主义。特立希望第一师范以毛主席的作风——实事求是，不自以为是——作为校风。"[2] 惊人相似的是，2010年北京理工大学（前身为延安

[1] 武衡、谈天民、戴永增主编：《徐特立文存》（第4卷），广东教育出版社1995年版，第368页。
[2] 武衡、谈天民、戴永增主编：《徐特立文存》（第4卷），广东教育出版社1995年版，第221页。

自然科学院）在建校70周年之际，通过全校性的大讨论，也将“实事求是，不自以为是”确立为本校的学风，这既是时代对北京理工大学的要求，也是承继徐特立老院长精神风貌的现实体现。

史书上最早见“实事求是”字样，是在汉朝班固的《汉书·河间献王刘德传》。文中说刘德“修学好古，实事求是”。刘德的“实事求是”是考证古书时求其真本，讲的是实证的治学态度和方法。南宋时，程朱理学是学术主流，对以胡五峰为首的湖湘学派有相当影响，他们讲求经世致用，力避迂阔之论。这一价值取向为明清时代的王夫之所继承，并影响到曾国藩、魏源、谭嗣同等湖南的精英，这种经世致用的价值取向在徐特立教书、毛泽东受教的湖南第一师范的校园文化中也得到了体现。湖南一师的《教养学生之要旨》中明文规定：“国民教育趋重实际，宜使学生明现今之大势，察社会之情状，实事求

北京理工大学的“学风石”。

是。”[1]这无疑或直接或间接地影响了徐特立和其弟子毛泽东的思想。

晚年，徐特立经常从别人的批评或反面的评价中反思自己，也经常引用清代魏伯子的话“天下唯四高人难受益”自警。他认为：“在年高、位高、学高、功高的四种人面前，‘自以为是’四字，就是第一等的障碍物。首先就障碍了自己的前进（即障碍着‘实事求是’），不接受他人的批评，不愿意暴露自己的缺点和错误，主要是害怕丢脸——以被人批评，被人指责为耻辱，反不以‘自以为是’为耻辱。”

徐特立一贯坚持“实事求是”，对“自以为是”深恶痛绝。在他的坚持和倡导下，“实事求是，不自以为是”成为在中国传统文化基础上加以创造的、具有马克思主义新的时代内涵和特色的良好学风。

体系化的国民公德

中华人民共和国成立前夕，在全国政治协商会议起草的《共同纲领》中，第五章“文化教育政策”是由徐特立负责草拟的。其中第二十四条规定：“提倡爱祖国、爱人民、爱劳动、爱科学、爱护公共财物作为中华人民共和国全体国民的公德。”

1950年7月至9月，徐特立在《人民教育》第一卷第3~5期发表了题为《论国民公德》的文章，详细论述了“五爱”的历史依据和理论基础，并指出了“五爱”的具体内容：

[1] 李佑新：《湘学务实学风与青年毛泽东的文化性格》，《求索》2007年第12期。

爱祖国——“我们今天得了解放，不准再过过去那样的奴隶生活。我们的这块领土丢不得，丢掉了，我们就无逃于天地间。我们的领土和各民族的人民分离不得，分离了就得被敌人各个击破，我们的主权就会失掉。我们反对人家侵略我们，也反对侵略别的国家。”“我们两千多万海外华侨……要加以保护，同时希望他们有可能的话，回国帮助祖国的建设事业，使我们的祖国迅速地建成一个工业国家。”“任何地区，任何少数民族，都要在他们的地区进行经济的文化的各种建设，同时联合起来共同建设新中国。”“我们每个地区，各个省区，各个县区，乃至每一个乡村，都要注意自己的地方建设……都有它爱祖国的直接表现”；“……守纪律，尽职责，弄好自己的工作，而没有狭隘的本位主义，这也是爱国的直接表现。”“人民有权爱国，而且爱国是个义务，是一种光荣。”“爱国不要成为完全是思想上，要用的思想推动行动，并且不要忘记百年来为祖国流血的先烈。在建国初期，就要完成当时之任务。”

1949年，徐特立（前排右二）与政协第一次会议代表合影。

爱人民——“要为全国一切人民谋利益，全国人民都有人权、政权、财权，有事做，有书读，有饭吃，都要各得其所。”

爱劳动——“今天的劳动者……都是国家的主人翁，因此，我们要肃清以往旧社会的那种鄙视劳动的错误思想，建立新的劳动的观点，把劳动看成是高尚的、光荣的、不是勉强被迫的劳动。”“必须遵守劳动纪律，这是爱劳动的根本问题。”

爱科学——“科学的态度是实事求是，不自以为是，是坚持真理，改正错误，错误的要向真理投降。而检验真理的标准，则是历史的考验，群众的考验和自己的考验，这就是科学的态度。”

爱护公共财物——“努力生产，力行节约，反对一切浪费。”

这“五爱”教育是新中国青少年品德教育的主要内容，成为新中国成立以来全民耳熟能详的道德行为准则，为广大民众所认可和遵循，很多中小学校将“五爱”作为校训，来教育熏陶学生。1988年中共中央发出的《关于改革与加强中小学德育工作的通知》中，把“爱护公共财物”改为“爱社会主义”，构成新时期的“五爱”的内容。“五爱”教育至今在青少年道德教育与德育实践中发挥着重要作用。

十　新中国教育的探路人

新中国成立后，徐特立不顾年事已高，致力于社会主义文化教育事业，参与制定了国家教育的大政方针，主持编写了第一套新教材，对青少年给予了无限期望，为社会主义教育文化事业耗尽了全部心血。他一生献身教育和革命事业，新中国成立后更是对新中国的教育改革和发展鞠躬尽瘁。但是，他最终没有完成“构建系统化群众本位的教育理论”的夙愿，成为这位职业教育家的终生遗憾。

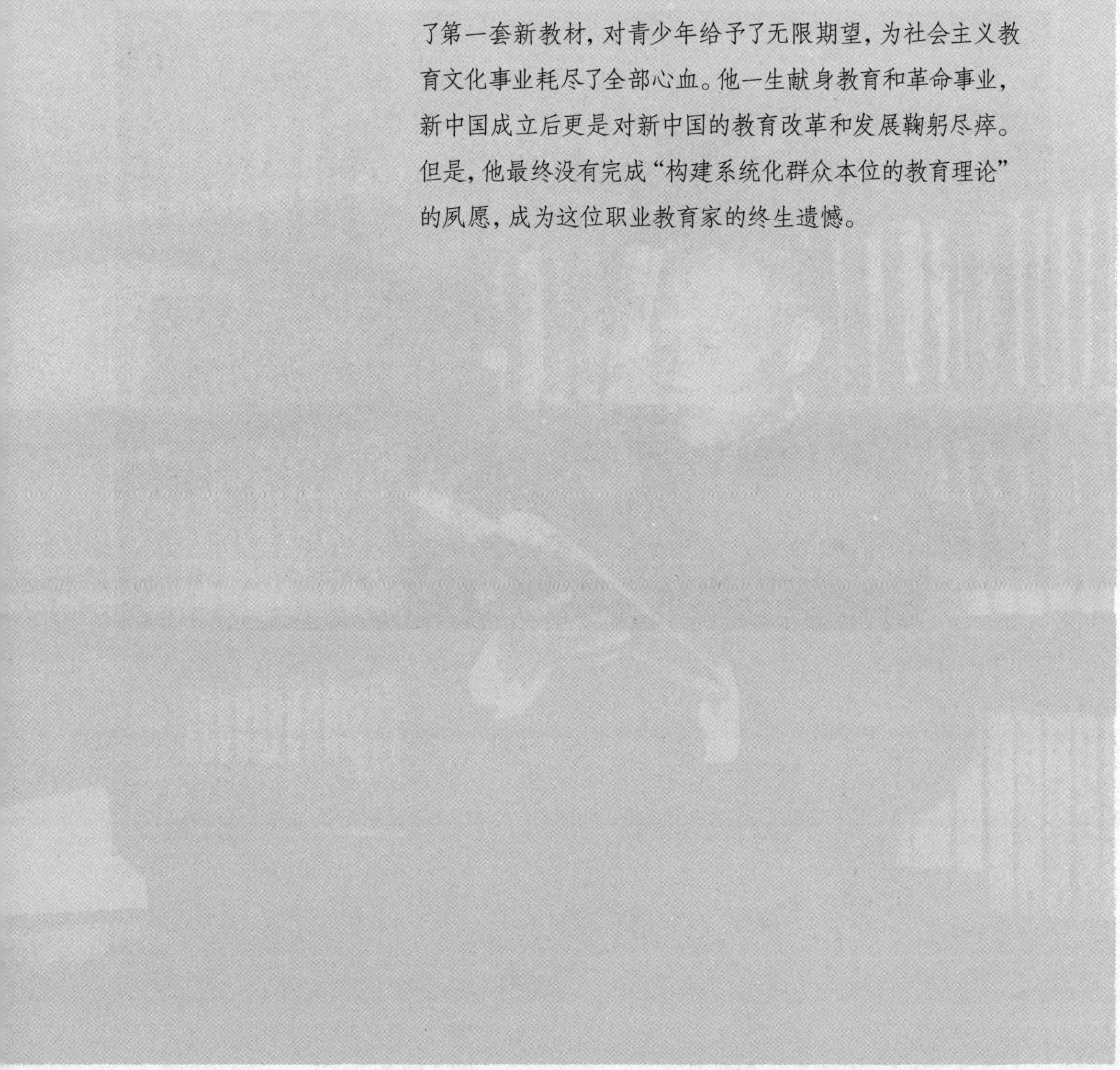

晚年的徐特立仍然坚持学习。

老教育家的新计划

1949年，徐特立已经72岁。但他精神矍铄，步履矫健，毫无老迈之态。

始入北京，徐特立住在京郊的香山，他的学生熊瑾玎前去看望，师徒二人促膝面谈，竟日不倦。当时徐特立的精神面貌可以从任弼时的保健医师刘佳武《徐老二三事》的回忆文章中窥见一斑：“1949年，任弼时同志在北京玉泉山养病期间，徐老曾先后两次去看望……在一次散步中间，弼时同志和徐老谈得非常高兴，两人要举行登山比赛。一个是高血压病人，一个已是七十二岁的老人了……当遇到窄道坡陡路滑的地方，我便想去搀扶，但还没来得及伸手却被他老人家拒绝了……当我们登上玉泉山山顶时，他老人家两手叉腰，远眺颐和园的风光，毫无倦意。”[1]

那时，徐特立整日忙于参加各种会议，参与了国共和平谈判。此时，人民解放军已解放长江以北大部分地区，国民党政府蒋介石下野，李宗仁出任代总统收拾残局，并派遣以张治中、邵力子、黄绍竑、章士钊、李蒸为代表的代表团来北京进行和平谈判。徐特立参加了中国共产党代表团的工作，对章士钊、邵力子、张治中等故友旧好进行了说服争取工作。之后，他还积极地领导了接管

---

[1] 徐禹强、徐文浩主编：《万世师表徐特立》，中国档案出版社1998年版，第327页、第328页。

1949年4月，徐特立与熊瑾玎在北京香山。

和改造国民党时期留下来的全国文化教育的工作。

1949年9月21日至30日，中国人民政治协商会议第一届全体会议在北京举行。徐特立参加了会议，并被选为中央人民政府委员。10月1日下午3时，徐特立参加了首都北京三十万军民在天安门广场隆重举行的中华人民共和国开国典礼，亲眼观看毛泽东主席升起第一面五星红旗，亲耳聆听毛泽东庄严宣告中华人民共和国成立。他同全国人民一起，尽情地欢庆中国革命的伟大胜利，欢庆他为之奋斗了近五十年的革命理想成为现实。欢庆之余，他想到的

徐特立与病中的任弼时。

不是革命大功告成可以坐享清福，而是刚刚诞生的新中国面临的经济和文化建设的艰巨任务。他在为吴玉章七十寿辰所作的《祝吴老七十大寿》的诗里写道："……七十初度时，前线均告捷。百年殖民地，从此永完结。前途之艰巨，基本在建设。幸勿过乐观，成功在兢业。您我励残年，尽瘁此心血。"抒发了他要在建设新中国中艰苦奋斗，继续努力工作的愿望。

为了勖勉和鞭策自己，他制订了一个二十年的学习与工作计划，作为晚年的奋斗目标。他仍继续担任中共中央宣传部副部长，同时兼任中央宣传部教

徐特立在读书。

育研究室主任、党史研究室主任。此外，还担任了中国历史学会和中国地理学会的名誉主席。他和著名历史学家范文澜一道，领导一批史学工作者及中央宣传部、中央党校的干部，从事中国通史、中国革命史和党史资料的搜集、整理、编纂工作。亲自主编了卷帙浩繁的《中国通史资料选编》，对一个年逾古稀的老人来说，这项工作是繁重的，他每天工作八小时以上，干活的劲头好似年轻人。他处理问题总是体现民主作风，从不单凭个人的意见办事，而是找人商量，广泛征求意见，集思广益。特别是在学术上，他务求严谨，有时已经上床睡觉，深夜醒来，想起某一问题，便立即披衣而起，在笔记本上记下，以免遗忘。

八十五岁高龄的徐特立在读书。

据徐乾回忆，徐特立在那个时候工作起来简直有点不要命。好几次，徐乾半夜三更听到厅里发出窸窸窣窣的响声，以为来了小偷，起来一看，原来是老人家穿着一件单衣在查找和翻阅资料！徐乾劝他身体要紧，他却说，白天有个问题没解决，晚上一觉醒来翻来覆去地想，终于有了眉目，害怕过一会儿又忘记了，就马上把它记下来。徐乾心疼老人，又没有办法阻止，只好给他披衣，帮着干起来。白天，徐特立有时候从外面回来也是风风火火赶到厅里，不是翻书就是做笔记，有时连饭也顾不上吃。虽然学识根底深厚，但他总是和从前一样虚怀若谷，对任何事物都有一种从头学起的精神，即便写篇短文或草拟一段讲稿，都要查阅和参考多种书刊，力求把问题说得准确透彻，于人于事有所裨益。

1949年10月，在北京大学史学系和文科研究所的两次座谈会上，徐特立都谈到了《研究历史的目的与方法》；1950年9月24日在中国新历史学研究会上，他讲了《历史学在社会科学中的地位》。两次讲话内容集中体现了徐特立关于史学研究的观点。

新中国成立后，徐特立潜心研究了社会主义教育的理论，陆续发表《在教师节谈新民主主义教育》、《科学化民族化大众化的文化教育》、《普通学校的思想教育》、《课程标准的重要和课本的活用》、《教育讲座》、《论国民公德》、《各科教学法讲座》等等。这些思想的陆续发表，显示了徐特立年逾古稀但却壮心不已的精神。诚如谢觉哉老人在《奉答徐老自寿诗》中所称道的："你精教育学，尤深研数理。哲学政治书，看抄批不已。贯穿辩证法，新奇出腐里。"[1]

1954年9月15日至9月28日，徐特立出席中华人民共和国第一届全国人民代表大会，当选为全国人大常务委员会委员。作为人民代表，徐特立忘记了自己的年纪，为履行自己的职责，向党和政府及时反映群众的诉求，在百忙之中抽时间多次到各地视察工作，调查人民疾苦，履行参政议政职责。

1956年，考虑到自己的身体状况，同时给年轻优秀的同志创造机会，徐特立主动向党中央提出辞去中宣部副部长的职务。党中央很重视他的意见，曾派陆定一、杨尚昆等同志前去看望，向他转达了党中央的意见，同意他可以不参加一些会议，要他注意休息，保证健康，继续为党工作。尽管徐特立辞去了一切职务，但由于他德高望重，在1956年9月的中共第八次全国代表大会中，他仍当选为中共第八届中共委员会委员。1959年4月，第二届全国人民代表大会召开，徐特立继续当选为常务委员会委员。

---

[1]《人民之光，我党之荣——纪念老院长徐特立从事教育工作110周年》，北京理工大学徐特立教育思想研究会编印，2005年，第22页。

对青少年的期望

青年是一个国家和社会中最有朝气、最具激情和最富创造力的群体，是一个国家和民族的未来与希望所在。徐特立作为中国杰出的革命教育家，嘉言善行，诲人不倦，教育和培养了几代青年人。中国共产党的领袖毛泽东和著名领导人蔡和森、蔡畅、向警予、李维汉等，在青年时代都曾受教于他。徐特立在长期的教育实践和革命实践中，深切关心青年各方面的发展，对青年的教育和发展寄予厚望。

中华人民共和国成立后，徐特立对青年寄予了更大的关怀和希望，并在多种场合利用各种机会对青年进行勉励。1952年，徐特立来到离别十多年的故乡长沙，许多工人、学生和医护人员都请他去作报告。对于家乡年轻人的要求，他总是有求必应。在报告中，徐特立勉励青年人积极工作，努力学习，以实际行动投身于新中国的建设事业。他说：我们是革命队伍中的开路先锋，也是建设祖国各种战线中打头阵的人，责任很大，困难也很多，我们必须多吃苦。目前我们国家的困难仍多，我们当学生的和参加革命工作的就不可能过早地提出过优裕生活的要求。我们的年轻一代要认识旧社会生活的困难，要认识革命斗争的艰苦，要有决心以自己的辛勤劳动来继承前人的革命事业，为自己本身和子子孙孙创造幸福的生活。

1956年，他向党中央请求辞去中宣部副部长之后，应邀到一些大中小学做报告，视察、指导工作，和青年谈理想、谈前途、谈革命传统。不能前去的就给他们写信或题词。平时，他总愿意和青年在一起，对来访的大中小学生，总是来者不拒。徐特立给青年人讲革命传统，解答他们提出的思想和职业问题，勉励他们天天向上，立志成才，每次接待青年学生，一谈就是两三个小时。

1956年冬的一天，他来到湖南省第一师范学校视察。课间，他在草坪上会见了师生，并作了即兴讲话。最后，他特别叮嘱青少年要“经常锻炼身体，增进健康”。

1957年7月29日，徐特立到北京第一师范同应届毕业生见面。随后，他在三楼的一间教室里，同二十多名毕业生代表座谈。他对这些未来的人民教师说：做教育工作的人，一般总是先进分子，他们继承了民族文化遗产和经验，

徐特立和大学生在一起。

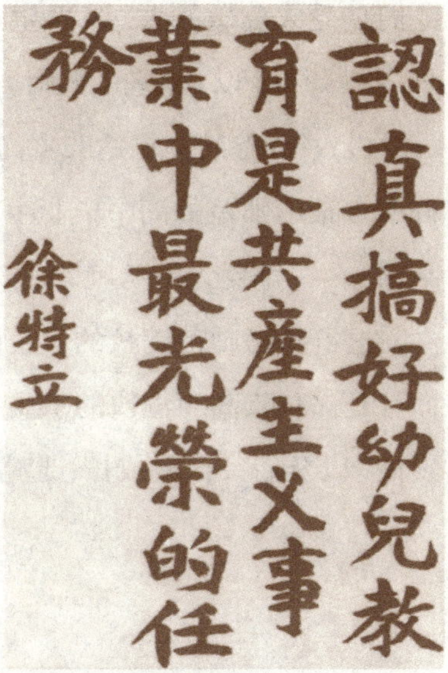

徐特立为湖南幼儿师范学校题词。

徐特立与湖南幼儿师范学校（今长沙师范学校）的同学们联欢。

他们是受人尊敬的人。我希望你们一生都做教师，再也不要想别的。8月20日，《教师报》以《徐老的嘱咐》为题报道了这次谈话。

1959年，徐特立已达82岁高龄。这年他生过一次病，还没有完全恢复，一群准备报考师范的高中毕业生，想得到他的当面指教。徐特立获悉后，非常高兴，在一个夏天的傍晚，他接见了这一群有志于做教师的青年学生。徐特立对这群投考师范院校的学生说："教师工作不仅是一个光荣重要的岗位，而且是一种崇高而愉快的事业。它对国家人才的培养，文化科学教育事业的发展，以及后一代的成长，起着重大作用。教书不仅是传授知识，最重要的

1957年5月，徐特立在北京师范大学给师生讲话。

1958年春，徐特立参加重庆师范学院团干部工作会议。

是教人，教育后一代成长为具有共产主义思想品质的人。因此，学师范，做人民教师的人，他的思想品质的好坏，也就格外显得重要。正因为这样，就需要学习、思想各方面都比较优秀的人来报考师范。”

徐特立接着说：“教书是一种很愉快的事业，你越教就会越爱自己的事业。当你看到你教出来的学生一批批地走向生活，为社会作贡献时，你会多么高兴啊！青出于蓝而胜于蓝，后来居上，这里不也正包含着你的一份辛勤的成绩在里面吗。”他的一席话，让这群青年学生感到无比的兴奋，并从中受到了深刻的教育，也坚定了报考师范的信心。

延安自然科学院是北京工业学院（当今的北京理工大学）的前身，徐特立则是这所具有光荣历史传统的学校的老校长。1959年9月，徐特立参观了北京工业学院建国十周年科研成果展览会。1961年2月1日，《光明日报》以《发扬延安作风——记徐老和北京工业学院学生的一次谈话》为题，报道了徐特立与北京工业学院师生的谈话。这次谈话充分体现了徐特立对青年一代的期望和嘱托。11月29日，《北京晚报》发表题为《对青年人的几点希望》的谈话。

1961年8月，徐特立到北戴河疗养，遇到一群大学生，其中大部分是干部子弟，他们邀请徐特立讲话，徐特立语重心长地说："干部子弟家庭环境好，革命家庭，他们的父母就是教科书，这是件好事。但如果对自己要求不严，就很容易有特权思想。对干部子弟的要求应该比一般干部更高一些。第一，不要有特权思想，特权思想是封建社会来的，不是什么好东西；第二，不要有优越感，父母对革命有功劳，那是父母的光荣，与自己没有继承的关系；第三，不要脱离群众，对广大人民要有同情心。"此后，徐特立又在同报社记者的谈话中谈了这个问题，还专门写了文章。他说："在延安，那时候干部子弟还不太多，进城了，现在干部子弟多了，如何对他们进行教育尤为重要。"

1962年11月15日，他在寓所同前来拜访的清华大学动力系燃气轮专业一班毕业生谈革命理想。次年3月3日，《中国青年报》以《任重道远，艰苦奋斗》为题，发表了这篇谈话。是年冬，徐特立为《长沙日报》题词："创业难，守业亦难，须知物力维艰，事事莫争虚体面，老老实实，勤俭建国，发奋图强。"[1]

1963年7月3日，他给清华大学工程力学数学系毕业生写信，给他们讲中国革命的艰苦奋斗历程，勉励他们为祖国的科学技术事业奋发有为。这时他已经86岁，然而他仍热情蓬勃，给青年学子们写了长达2000字的信，足见其殷切之情。

---

[1] 湖南省长沙师范学校编：《怀念徐特立同志》，湖南人民出版社1979年版，第103页。

1961年夏，徐特立在北戴河与青少年合影并题词。

20世纪五六十年代，他连续发表了《划时代的五四运动》（1951年5月11日《中国青年》）、《庆祝党的三十周年纪念日》（1951年7月10日《中国青年报》）、《怀更大的志气，抱更大的理想》（1959年12月9日《中国青年报》）、《对青年人的几点希望》（1961年11月29日《北京晚报》）等文章，寄托了他对青年健康成长的无限深情。徐特立指出："无论工厂、农村、军队、学校的建设事业，没有青年作用的充分发挥，就不能取得胜利。"每次参加较大型的会议，看到很多年轻人在场，他就露出无限的喜悦，说我们党的事业后继有人，定会兴旺发达。

在青少年的思想教育方面，徐特立反对一味进行僵化的政治思想教育。"……张口政治，闭口工作，一谈就是给你打通思想，很少谈到生活、家庭等方面，一切场合都是严肃的，这样青年是抗不了、受不住的。因此必须在紧张的空气中带有轻松味道，不应该一切都政治化，单调枯燥，而应是多方面的。出的墙报千篇一律，这表现了思想指导也是空洞枯燥，甚至公式化，这样就会限制个性的发展和奔放，就不能创造，不能发展个人的天才。我觉得应该培养敢于发展个性，有脑筋，辨别是非，有主张、有试验、有创造、有行动的青年，生动活泼，敢作敢为，才能产生出各种人才来，才能推动社会向前发展。如果是培养一些阿斗，甚至一些奴隶，那新社会是不会到来的。因此，思想指导，不要只空洞地说为人民服务、服务群众等，不要上课和开讨论会时都是那么一套，更不要一概认为这样说的就是好学生，不然就是个人主义。我们应从学习、生活和实际活动的各个方面来加以指导，不应把青年限制在报纸和课堂的小圈子里面。”“我们是培养高度自觉的人民，不是培养盲目服从的顺民。”[1]

徐特立对青年们的教育，不仅仅是语重深长、深刻感人的讲话，更重要的是他的实际行动。

一次，几个正在北京政治研究学院学习的学生，趁着星期天的下午去向徐特立请教学习中的一些问题。他们走进了徐特立的住宅，填好了会客单，得到同意接见的通知后，由徐特立的保健员引入会客室。刚落座，保健员就对他们说：今天徐老还要出去开会。学生们听后，明白这是保健员暗示他们不要久坐，以免劳累老人。

徐特立笑容可掬地接待了他们，详细答复他们提出的问题，交谈了一个钟头，还没有丝毫倦意。“徐老，开会时间快到了。”当保健员走来向徐特立招呼时，学生们立即起身告辞。

“不要急，再谈一会”，徐特立叫学生们继续坐下。于是一谈又是半个钟

[1] 武衡、谈天民、戴永增主编：《徐特立文存》（第3卷），广东教育出版社1995年版，第277页。

头。他滔滔不绝地讲述，学生们认真地聆听。保健员害怕长时间的讲话会影响他的身体，又来催促：徐老，请您准备出去开会。这时，徐特立望了望保健员，说："你不要吵，我还要说。"随后又继续与学生们交谈。这次接见前后一直谈了两个多小时。当学生们离开时，已经是暮色苍茫了。

前来向徐特立请教的学生们告辞后，在回校的路上交流了一个共同的感受："徐老不但是越老越健旺了，他诲人不倦的精神也是始终如一的！"

是啊，在88岁高龄时，徐特立还能够与青年人在北京颐和园的昆明湖中游泳。徐特立时刻以身教主义精神鼓励青年，身体是革命的本钱。

88岁的徐特立与青年们在北京颐和园昆明湖游泳。

终生的遗憾

新中国成立后，徐特立一方面忙于各种事务，一方面想完成自己的夙愿——探索形成系统的"群众本位"的教育理论。然而，时间和环境未能够允许他从容写作，这成了徐特立的终生遗憾！之所以如此，还要从20世纪50年代批判电影《武训传》说起。

武训是山东唐邑人，中国近代史上著名的平民教育家。他行乞兴学，精神为后人所仿效。在1951年《武训传》遭受大批判之前，中国不同社会阶段的历届政权，对武训和武训精神的态度都是一致的：武训是一个正面的、被赞扬的、受尊敬的历史人物。

1951年5月20日，《人民日报》发表了毛泽东亲自撰写的社论《应当重视电影〈武训传〉的讨论》，这篇社论不啻是一个旱地惊雷。这是新中国成立后第一次以政治手段处理文艺问题的大事件。其后，全国上下，从中央到地方，纷纷行动起来，召开各种批判会。同年，文化部组织了一个武训调查组。经过两个月的调查，炮制了《武训历史调查记》，并发表在《人民日报》上。武训成了一个"大流氓、大债主和大地主"。

徐特立早年因为到处为贫家子弟办学设校而备尝艰辛，曾被称为"徐二叫花"。当时他强调"静心学业"、"精忠报国"，追求朴素的"教育救国"理想。武训出身贫穷，但却能够做到行乞办学，舍己为人。两人的办学经历似乎相似。然而，在当时极端不正常的政治环境下，对《武训传》的讨论却改变了历史上对武训的一贯评价，预示着一场反常的政治运动即将来临。这对徐特立来说是意想不到的。在对武训声势浩荡的讨论与批判中，徐特立只好三缄其口，采取了冷静观察和尽量保持沉默的态度。

1951年7月1日，《人民教育》第3卷第3期发表了徐特立题为《〈武训传〉的讨论是一个严重的政治问题》的文章。与其他人对这部电影的反应相比，徐特立的文章发表得比较迟，内容也极具政治色彩，这与徐特立一贯的政治态度是不相吻合的。由此可想，晚年的徐特立面对国家突如其来的政治变故是何等的伤心和无奈！

徐特立对陶行知十分崇敬，曾给自己取名“师陶”。他曾讲到，很少人知道我的字叫师陶，这是因为陶行知先生是一位有名的教育家……为了尊敬陶先生，故取字“师陶”。有人说，毛泽东曾说徐特立“师陶不师马”（“陶”即陶行知，“马”即马克思），从中我们可以感觉到，一方面徐特立在政治风云中始终是保持清醒的，在这次批武训的政治事件中依然如此；一方面，陶行知是崇敬武训的，徐特立对武训的态度也可以想见。徐特立曾经把管子的“不为不可成，不求不可得，不处不可久，不行不可复”作为座右铭，意思是“不去尝试办不到的事情，不去追求得不到的东西，不居于不能持久的地位，不推行不可重复的政策”。在当时的政治气候下，出于一贯的顾全大局、维护毛泽东领袖威信的考虑，徐特立恐怕也只能“不为不可成”了。此后，徐特立尽量避谈自己的艰难办学历程和思想了。至于他为《人民教育》撰写《各科教学法讲座》，以建构自己的教育理论体系的想法也就因此而搁浅了。

1952年之前，徐特立回湖南长沙师范学校、周南学校、湖南第一师范学校、五美老家的谈话中还提及他艰苦办学和教育管理方面的内容，但之后就不再提及了。此后他的活动减少，即使有什么讲话的机会，也主要是讲一些青少年要艰苦朴素、要学毛泽东思想等。曾帮助徐特立整理其教育思想的教育家戴伯韬，1978年在《文汇报》发表的《朝晖遍地忆高师》中有这样的话：“我到北京工作后，和他（徐特立）见面的机会多了，但谈教育的时候却少了。”他还说，后来几次找徐特立请教，而“他很谦虚朴实，谈话的内容大部分是革命传统和革命纪律教育”。

徐特立希望在有生之年把终生从事教育的经验和思考汇集起来传诸后世，但是，由于兵荒马乱，早年写的《教育学》已经散佚；而1940年，由自己口授、戴伯韬笔录的关于教育的书稿也在战火中遗失。直到徐特立走完生命的

1963年，徐特立为长沙第一师范学校五十周年校庆题词。

最后历程，著“鸿篇巨制”教育学的心愿竟未能实现，这不能不说是这位人民教育家的终身遗憾！

更为遗憾的是他晚年亲历的各种政治运动及其所带来的消极影响。作为一位终生倡导实事求是、凡事必定躬行实践的教育家和革命家，面对新中国成立后接踵而至的政治运动对于社会主义建设的冲击，他显得十分焦虑，但却无可奈何。

1958年，“大跃进”运动开始，徐特立十分痛恨全国刮起的“浮夸风”。有一次，某省委的一位书记陪他去看高产棉花，陪同他的人介绍说保证亩产三到四百斤。他一看棉花秆子高、枝叶多，就说，现在打霜了，桃子还没开，怎么高产得了？这是吹牛，是缺乏常识。1961年8月17日，他语重心长地写了一段话：“浮夸风的目的是骗他人。结果把社会信用失掉，使自己孤立而垮台，并人格丧尽。一切自谓聪明缺乏老实作风者，必贻害社会且灾及子孙。”[1]

1959年，庐山会议召开时，时任中央委员的徐特立正在东北视察。彭德怀因为对“大跃进”不满直言相谏而受到毛泽东的公开批判。落难后的彭德怀闲住在北京郊外的吴家花园，徐特立曾冒着极大的政治风险先后三次专程看望，并勉励彭德怀多加珍重，将来继续为党工作。

后来，极左思潮愈演愈烈，从“反右倾”、“四清”运动发展到登峰造极的“文化大革命”等一系列政治运动，冲击着这位一心为国操劳的老人。他目睹一些掌权者的倒行逆施，忧心如焚。他很想念他昔日的学生毛泽东同志，觉得心里有些话要找毛泽东同志谈谈。可是到1965年的时候，他给毛泽东的电话却拨不通了。据徐乾说，过去这电话一拨就通。于是徐特立下决心寻找机会面见毛主席。他打过多次电话，但终未联系上。徐特立在为国家的前途担忧，有时，他焦急地要坐车直接去中南海，但都被身边的工作人员劝阻了。

---

[1] 陈志明：《徐特立传》，湖南人民出版社1984年版，第202~203页。

心中的苦闷，折磨着这位饱经历史风霜的老人。有一次，他悄悄对好朋友谢觉哉说，他很想回湖南乡下去喂猪。谢老听了，深有感慨，特地赋诗一首：

九十高龄力有余，身闲不住待何如。老人又羡耕和读，想傍桑荫学养猪。[1]

这位世纪老人对于国家命运和前途的担心始终没有讲出来，这不只是个人的遗憾，更是国家和人民的遗憾！

徐特立在当年办学的校园植树。

[1] 陈志明：《徐特立传》，湖南人民出版社1984年版，第203页。

十一　家庭和后代教育

徐特立是一个坚定的无产阶级革命教育家，其家庭也是一个典型的革命家庭。在他的言传身教下，两个儿子先后为革命事业献出了宝贵的生命；两个女儿及其后代都走上了革命道路，并在平凡的岗位上为党辛勤地工作。他对子女的教育，充分展现了一位职业革命家的崇高精神和伟大品格。

徐特立与亲属合影（后排从右至左为大女儿徐守珍、小女儿徐陌青、秘书徐乾、警卫员吕勤昭、外孙女徐舟）。

革命家庭

徐特立与妻子熊立诚，一共生育过八个孩子，但长大成人的只有四个，大女儿徐守珍、大儿子徐笃本、小女儿徐陌青、小儿子徐厚本。小儿子徐厚本与妻子刘翠英（后改名徐乾）生有一女徐禹强；大女儿生有一女徐舟。无论是子女，还是孙辈，他们都受到了徐特立的深厚影响，对革命事业贡献了自己的力量。

徐特立由于在外办学和参加革命而长期离家，大多时间难以顾及家庭。但是，作为革命的教育家，他却时刻将家庭放在心中，将教育子女和后代的责任放在心上。1940年他在写给董必武的诗中表达了自己对于家中妻儿老小的牵挂：

妻老孤孙弱，长沙有我家。寄书常不达，传说被搜查。

报国何年迈，思乡觉路赊。尺书望转寄，寄以慰天涯。

对于后代的教育，他说："作为革命的前辈，作为父母，作为家长，时刻都不应忘记教育子女的责任。因为在我们这个社会里，子女不只是自己的家庭成员，自己的后代，而且也是社会的成员，是整个革命的后代。他们的好坏，不仅关系着自己的家庭，而且关系

徐特立与妻子熊立诚。

徐特立夫妇与儿媳徐乾、孙女徐禹强。

着社会，关系着我们整个革命事业的成败。”[1]因此，“要想使我们的后代都能成为红色的接班人，并且希望他们能够‘后来居上’，就应该从思想、学习、生活等各个方面来关心和帮助他们，生活上关心他们，使他们能吃得饱、穿得暖，精力充沛地从事学习和劳动，自然是重要的，必需的。但是更为重要的是，关心他们的思想状况和政治生活”[2]。在徐特立的教导和影响下，他的儿女们都走上了革命道路，两个儿子先后为民族解放事业献出了年轻的生命。

徐特立的外孙女徐舟回忆说：“外祖父毕生追求革命理想，并用自己的行动去努力实现自己的革命理想，他对家属子女后代的要求，一句话‘要立志于革命’，他希望家庭成员都是革命者。”[3]

[1] 武衡、谈天民、戴永增主编：《徐特立文存》（第3卷），广东教育出版社1995年版，第374页。
[2] 武衡、谈天民、戴永增主编：《徐特立文存》（第3卷），广东教育出版社1995年版，第375页。
[3] 徐舟：《一叶轻舟》，中国文联出版社2010年版，第177页。

严格教子

徐特立的大儿子徐笃本出生于1906年。徐笃本在入长沙一所中学读书时，有人给他介绍了一个女朋友，他自己并未拒绝，但当他告诉父亲后，徐特立不同意。徐特立语重心长地对他说：“你还年轻，应该为革命刻苦学习，在事业上打好基础，做一个有益于社会的人。要先想为社会出力，不能先安排自己的小家庭。如果大家都只顾一己之私，社会怎能前进呢？”[1]徐笃本听从父亲的教导，将心思全部投入学习和工作之中。他学习刻苦，做事认真，关心社会问题和百姓疾苦，中学时就秘密地加入了中国共产党。第一次大革命时期，年仅19岁的徐笃本积极参加农民运动，担任湖南醴陵农民协会主席，把那里的农民运动搞得如火如荼。这时，当徐特立再问到他的婚姻问题时，他回答说，现在没有时间谈这个了，斗争那么激烈，革命的事还忙不过来呢。就这样，徐笃本将全部精力用在了革命事业上。繁重艰苦的革命工作，使徐笃本积劳成疾，于1927年病逝于长沙。徐笃本去世时，年仅21岁，还没来得及成家。去世后，党组织上为他举行了隆重的追悼会，当地很多群众为他送灵。

小儿子徐厚本出生于1917年。在他两岁多时，徐特立远赴欧洲勤工俭学。1924年7月，徐特立回国后又马上投入到创办师范学校和普及湖南教育的事业之中，繁忙的工作使他数年难得与家人团聚一次。1927年，徐特立毅然加入了中国共产党，从此走上职业革命家的道路，与家人更是聚少离多，一别就是十年。

---

[1] 武衡、谈天民、戴永增主编：《徐特立文存》（第3卷），广东教育出版社1995年版，第375页。

徐特立的儿子徐厚本。

在这十年中，徐厚本先是读完了小学，并于1933年考上了荷花池长沙县第一中学（次年改名长沙县立初级中学）。由于家庭经济困难，他于1935年辍学，到长沙大车修理厂当了学徒。

1937年12月，徐特立作为国民革命军第十八集团军高级参议、驻湘代表，由延安回湖南主持八路军驻湘办事处的工作。通讯处的其中一项工作是组织、动员进步青年去延安参加革命。很快，就有数百名有志青年奔赴延安。徐厚本也动了心，在一次到长沙看望父亲时，说出了自己的想法。虽然徐特立在第一次大革命时期已有丧子之痛，但考虑到延安正需要汽车修理工，便同意了儿子厚本和儿媳刘翠英一起去延安参加抗日战争的请求。可是，徐老太太舍不得他们远走，后来又要儿媳留下来。徐特立开始做妻子的工作，再三说服夫人让儿子与儿媳一起奔赴延安。他说，“儿子和媳妇是去学习，去干革命，应该让他们一起去，我们怎么能将他们拆散呢？”他还说，“儿子、媳妇，我们是要疼爱的，但叫他们总是蹲在自己身边，就会耽误他们的远大前程。父母疼爱子女，就要让他们到应该去的地方去，为社会做一番事业。”[1]

在徐特立支持下，徐厚本夫妇于1938年春奔赴延安，在陕北公学学习了3个月，于1938年7月被组织派回长沙。不幸的是，徐厚本在途中染上了伤寒，回到

[1] 陈志明：《徐特立传》，湖南人民出版社1984年版，第132页。

长沙时病情已十分严重，虽经医治仍不幸去世。徐特立先后生有六个儿子，只有两个存活下来。大革命时的丧子之痛已让夫人精神失常，这次他再也不敢把小儿子病逝的事告诉她了。为了不使老夫人过度伤心，徐特立强忍悲痛，与家人一起，硬是将二儿子病逝的事情对老夫人隐瞒了一生。其爱子疼妻的心情令人感慨！

支持女儿

徐特立的大女儿徐守珍（又名徐静涵）生于1904年，自幼爱好美术。出于对女子教育的支持，徐特立支持徐守珍就读男女合校的岳云中学。正是在这里，徐守珍与同学黄宪章自由恋爱。中学毕业后，徐守珍于1927年考入上海新华艺术学校，很快成为中国共产党领导的赤色工会的积极分子。1928年，徐守珍因参加地下党外围组织的活动被捕，与家人失去联系。在她出狱后不久，上海沦陷。面临失业的徐守珍，经人介绍在上海某日伪机关找了一份看大门、送信件的差使，但从未做过危害人民的事。在此后二十多年的时间里，她与父亲徐特立完全失去了联系。

1949年上海解放后，徐守珍终于和父亲取得联系。徐守珍的女儿徐舟回忆说："我母亲徐守珍1928年在上海被捕失踪，解放后突然来到北京。失散二十多年的父女重逢了，外祖父十分惊奇。了解到母亲这些年的艰苦生活，外祖父很难过，但仍要母亲努力工作，不要光想到自己的困难，而要多想政府和国家建设时期的困难。而我母亲原以为外祖父会答应她到北京来工作，听了外祖父的话，便安心回上海工作去了。"

在给女儿的信中，徐特立说："我已74岁，每天还要做8小时的工作。生活费公家尽量给我，但时局艰难，我不愿多开支，所以我不望你北上……你们如果需要我党录用，那么需要比他人更耐劳更努力，以表示是共产主义者的亲属。”[1] 此后，徐特立多次写信给徐守珍夫妇，鼓励他们在政治上要求进步，关心国家的振兴。在1951年9月的信中，他说：“政治不在口里能说大道理，而在能和劳动群众站在一起，自己的困难放在第二位，劳动群众集体的困难放在第一位，还要注意国家在建设时期的困难。”1953年9月，他写信给大女儿说：“知道你们夫妇已解决了失业问题，希望你们努力工作，并关心其他失业的人们……我希望你们每一日每一时都不要只为自己着想。上半晚想自己的困难，下半晚一定要想群众的困难，以及政府的困难，机关负责人的困难。这样去做人，自己的个人苦恼没有了，胸怀开展了，就不知不觉变成了一个前进分子。”[2]1955年10月，他又写信嘱咐道：“你们安心自己的业务，同时不忽视政治，即是你们的光明前途。社会主义与个人主义是势不两立的。”“你们没有家庭之累，除自食其力外还可多少购买少量公债，于公于私均有利益。”[3]

徐陌青是徐特立的小女儿，出生于1916年。由于徐特立常年在外，大儿子已为革命而牺牲，小女儿便担当起了家庭重担。徐舟回忆说：“1927年秋，第一次国内革命战争失败了。我的大舅父牺牲了，母亲被捕失踪，父亲单方面离婚出走，年逾五十的老教育家、外祖父徐特立跟着共产党走了。家庭的剧变和接二连三的打击，使外祖母精神失常。那时小姨只有11岁，小舅舅10岁，我刚刚满4周岁。是11岁的小姨挑起了这个四口之家的生活重担……”

1937年全面抗战爆发后，徐特立回到长沙，动员小女儿去学医，以便为抗战出力。就这样，徐陌青进入长沙自治女校护士班学习，毕业后进入长沙

[1] 武衡、谈天民、戴永增主编：《徐特立文存》（第3卷），广东教育出版社1995年版，第366页。
[2] 武衡、谈天民、戴永增主编：《徐特立文存》（第4卷），广东教育出版社1995年版，第323页。
[3] 武衡、谈天民、戴永增主编：《徐特立文存》（第4卷），广东教育出版社1995年版，第328页。

重伤医院工作。在这里，她结识了一位热心抗日救亡、有学识有才干的外科大夫卢振声，后来二人结为夫妻。抗日战争期间，徐特立曾两次派人或来信接熊立诚和孙女去延安，并叫徐陌青与丈夫同去。徐陌青考虑到父亲工作繁忙，母亲有病，加之小外甥需要照顾，便遵照母亲意见留在了长沙县，与母亲相依为命，默默奉献着自己的青春。新中国成立后，徐陌青与母亲一起来到了北京，并于1952年调到铁道部北京铁路总医院工作。1956年，徐陌青加入了中国共产党。她工作认真、负责，积极参加机关干部的学习活动。在护士岗位上，她勤奋工作，默默奉献，直至1977年退休。徐舟回忆说："外祖父谆谆告诫子女要靠自己的诚实劳动生活。小姨按照父亲的教导身体力行，不仅没有非分要求，即使是自己应该得到的，而组织上没有考虑或有困难，她也从不提出。小姨常对我说：'作为老人家（外祖父）的后代，要诚实地劳动，始终做有益于人民的人，才不愧对老人家，决不要给老人家脸上抹黑！'金玉之言，掷地有声。小姨的一生，没有惊天动地的业绩，也没有一串串辉煌的'名号'，只有诚实的劳动、简朴的生活、忠厚的为人。"

正是在徐特立的严格的要求和言传身教下，女儿们也走上了革命道路，在平凡的岗位中，为国家建设做着自己的贡献。

关爱儿媳

徐特立的二儿子徐厚本因伤寒去世时年仅21岁，其妻子刘翠英时年23岁，女儿徐禹强不满2岁。这对孤儿寡母生活无着，此后，儿媳刘翠英跟随徐特立参加了革命工作；而徐禹强则长期跟随奶奶在湖南生活。

二儿子去世后，徐特立负起了对年轻儿媳刘翠英的教育与关怀职责。徐

徐特立与儿媳徐乾。

乾的成长经历，体现了革命家和教育家徐特立身为公公和父亲，对于儿媳严格而宽厚教育的伟大情怀。

儿媳刘翠英是湖南长沙县人，1933年与徐特立的小儿子徐厚本结婚。儿子去世后徐特立为其改名徐乾。1933年春，刘翠英与徐厚本结婚时还未见过这位因革命长期奔波在外的公公徐特立。1937年底徐特立被党组织从延安派往湖南，全家人到八路军驻湘办事处看望他时，刘翠英第一次与徐特立见面。1938年春，在徐特立的影响与鼓励下，徐乾将一岁多的女儿交给婆婆照看，和丈夫一起奔赴延安学习。在陕北公学学习3个月后，她和丈夫一起被组织上派回湖南工作。丈夫去世后，女儿徐禹强在奶奶身边长大；而徐乾则强忍悲痛参加了革命工作，在徐特立身边一直陪伴侍奉长达三十年，深厚的感情超过了亲生父女。

儿子去世后，儿媳曾因极度悲痛终日以泪洗面，以致患上了可怕的偏头痛。徐特立一方面忍受着巨大的丧子之痛，一方面又要安慰儿媳，想办法帮助她早日从痛苦中解脱出来。为了防止老伴伤心过度，他还要与儿媳一起隐瞒儿子的死讯。他多次给儿媳写信，安慰她，鼓励她开始新的生活。通过徐特立写给儿媳的书信，我们便能够看到一位革命教育家对于子女教育的深厚情谊和严格要求。

在1938年夏的一封信中，徐特立说："你是我们家里的人，你的孩子也是我们家的骨血。但你还年轻，应该有自己的生活。你结婚以后，我们便不以翁媳相称，你做我的女儿也可以，作为同志也可以，后一种更有政治意义。在你结婚之前，你的生活我还是要负责的。"[1]

1939年10月，他写信给儿媳说：

你的终身问题我有意见告诉你。首先是自己的学问、婚姻问题，要在自己学问下解决才有自由……你如果要谋文化工作还要读书，如果只做事务工作，目前可以找事，但事务工作只可谋生……你未婚以前，一切我要负责，同时也可向我们的政府要求帮助。如果我未死以前，无论你结了婚或未结婚，都尽力帮助你，无论如何你总是我家有骨肉关系的人。你生有女儿，玉儿（孙女徐禹强，小名叫玉儿）总是你亲生的骨肉。我的朋友和我们的政府优待我，当然要优待玉儿和玉儿的母亲。[2]

1939年11月，他在另一封信中，更是明确地向儿媳表明了自己的立场。他提醒徐乾说，婚姻和学习问题应尽快决定，动摇不定很危险；并要求徐乾尽早下决心，或者结婚，或者不再结婚，找什么样的对象，都要及早考虑。他劝慰儿媳道：

你的年龄还轻，结婚是应该的，但是不过五六年，转眼就三十岁了，因此不

[1] 中共中央文献研究室：《老一代革命家家书选》，中央文献出版社1990年版，第318页。
[2] 武衡、谈天民、戴永增主编：《徐特立文存》（第2卷），广东教育出版社1995年版，第410页。

能够不决定。

主要的不是择财产，不是择地位，是择前进的分子、有希望的人，年龄相差不远、性情相当的厚道、不致轻于弃妻，这就是足够的条件。你要知道，你是择人，人也择你，结果还是女子受损失。

你的求学问题与婚姻问题有密切关系。如果准备终身不结婚，那么就需要学一项专门职业。如果准备结婚，那么就不能不与夫同居，就近学习。你虽然不是我儿女，但你却是我家的母亲，你有玉儿在此，永远与我们是骨肉关系。并且你比陌青更为可怜，夫死再婚比陌青的婚姻问题更不易满意，因此，我更关心你的问题。[1]

为了解决儿媳的后顾之忧，徐特立把徐乾当做自己的亲生女儿加以关心、照顾，使她很快从痛苦与烦恼中解脱出来，下决心再去延安学习。

徐乾在《历久常新的回忆——永远铭记父亲徐老的言传身教》一文中，对此作了详细的回忆：

(1938年11月) 长沙大火之后，八路军办事处辗转迁到桂林。我和徐老太太带着孩子也跟徐老来到桂林。在这里，徐老虽然工作繁忙，可是对于我的个人生活和政治生命，却是经常关心的。当时，有一位男同志追求我，徐老知道这事之后表示同意。他还对我说起青年人选择伴侣的条件，首要的是厚道、品行端正、不轻于弃妻、年岁相当。

对于正在追求儿媳的姓严的同志，老人家略有了解，他说：

“他是党员，政治上很进步。共产党是人类最先进的集团。同他结合，不会有夫权统治你。在革命队伍里，选择配偶，不是为了钱财和地位，而是要选

[1] 武衡、谈天民、戴永增主编：《徐特立文存》(第2卷)，广东教育出版社1995年版，第413~414页。

择先进的人。同时，你在他帮助下，可以更前进，还有入党的希望。”老人家对我这样真诚的关怀，使我感动。但我怎忍心离开这样慈祥可亲、德隆望重的老人呢？……我拒绝了这桩婚事，并且请求再去延安学习和工作。老人家理解我，信任我，他同意了我的请求。[1]

徐特立极力支持儿媳的革命愿望，并为此花费了一番苦心：一是想方设法瞒住夫人熊立诚。为了不使老太太因儿媳远离久别而过分悲伤，徐特立与儿媳相约仍然瞒着老太太，只是对她说，让她和小孙女暂时回湖南，让儿媳留在桂林。二是苦心孤诣地为儿媳刘翠英改名。儿媳回忆说：徐老送老太太和小孙女走的那天，特意来到我所住的天井，亲切地对我说：“你要走了，我把你的名字改一改吧。”他拿出一张纸片，我看见上面写着“徐乾”二字。他又补充一句：这像个男性的名字。当时，我虽然并不了解其中的深意，却能体会老人家的深情。我似乎有许多话要向老人家倾诉，但是，刚要启齿竟泣不成声了。[2]

在徐特立的关心和支持下，徐乾于1940年1月踏上了去延安的路途，先是进入陕北公学学习，后入中国女子大学学习，正式走上了革命的道路。

同年秋，徐特立回到延安。他特地写了短文向儿媳解释“乾”字的意义。

君子终日乾乾，易惕，若厉，无咎。

乾，健也。终日乾乾，即终日渐进不已；惕，警觉也。终日乾乾，至晚还加警惕，目若有凶厉可怕。注意如此集中，精神如此振奋，前途一定远大。

右录周易语以示乾儿。乾儿原名翠英，系华而不实的女性名。它却外柔内

[1] 王云风：《徐特立在延安》，陕西人民教育出版社1991年版，第111页。
[2] 王云风：《徐特立在延安》，陕西人民教育出版社1991年版，第111页。

刚，颇有独立性，我以她有其祖父之倔强性，希望她发扬这一倔强性，因而字之为乾。[1]

从徐特立为儿媳改名的过程中，不难看出徐特立对儿媳所给予的深情厚望。

徐特立到达延安后，先被任命为中共中央宣传部副部长，年底又被任命为自然科学院院长。由于工作繁忙，党组织把刚刚从中国女子大学毕业的徐乾调到他身边，担任机要秘书兼生活秘书。徐乾每天从事文件收发、整理和照顾徐老生活的工作。

在繁忙的工作之余，徐特立总是无微不至地关心着徐乾的学习、成长和个人的婚姻生活，对于她的身体和工作都倾注了父亲对女儿般的关爱。

徐乾回忆说：徐老叫我集中精力学习马列主义和文化知识。他老人家亲自为我制订了作息计划，并要求我贴于左右，严格遵守。徐特立要求徐乾做到如下三点：一、每日工作八小时，上午四个钟头均作学习之用，不会客、不闲谈、不外出。二、下午两小时看报、看党的文件，另以两小时处理徐老交办的工作。三、星期日及星期六下午洗衣会客、整理衣服用具及外出会友。

徐特立既是慈父又是严师。他对于徐乾的学习抓得很紧，许多工作情愿自己动手处理，也要每天腾出四个小时让她专心学习。当时徐乾由于年轻，好动不好静，没有养成专心读书的习惯，加上文化水平低，阅读理论书籍感到很吃力，平时喜欢读那些故事性强的文艺书刊，在时间上抓得不很紧。徐特立发现这些缺点后，不断地对她进行帮助教育，并多次以鲁迅和列宁为典范，来说明珍惜时间和把握工作中心的重要性。

1941年，徐特立用省吃俭用存下的6元边币买了一本《苏联共产党历史简

[1] 陈志明：《徐特立传》，湖南人民出版社1984年版，第338页。

编》送给徐乾，并在书的扉页上写了一段话，热情地鼓励徐乾："乾儿，四年前你还是一个落后的家庭妇女，而今成了一个共产党员，实出我的意料之外。希望你真能继承我的革命事业，我从现在你的行动看有很大的可能性。"[1]徐特立嘱咐徐乾暂时放弃其他书籍的阅读，专心攻读此书，并在学习时间上也为徐乾作了具体安排。面对这位慈爱、伟大的父亲，聪明理智的徐乾深受感动，立志永不离开老人家，并决心带着小女儿把两位老人服侍到老，革命到底。从此，徐乾作为徐特立的儿媳和秘书，长期生活在徐特立身边，侍奉老人近30年，直至徐特立于1968年去世。对此，谢觉哉曾称赞徐乾说："不止是一般儿女之孝，而已近乎道矣！"[2]在协助徐特立工作的过程中，徐乾时时处处以徐特立为榜样，学习他"革命第一、工作第一、他人第一"的崇高精神，在知识、品德、能力等方面迅速成长起来。凡与徐乾打过交道的人，都深深感到徐乾"颇有徐老遗风"。

八十高龄的徐特立夫妇与徐乾在一起。

---

[1] 武衡、谈天民、戴永增主编：《徐特立文存》（第2卷），广东教育出版社1995年版，第420页。
[2]《在当今一圣人身边》，北京理工大学教育思想研究会编印，2002年，卷首语。

晚节品更高

1950年，老夫人熊立诚带着孙女、外孙女和小女儿全家来到北京。这时徐特立才真正过上了安定的家庭生活。这时，北京的生活条件比起延安时好多了，但是，他的生活还和延安时差不多。徐特立爱吃粗粮，几块白薯、一碗青菜，就是他经常的伙食。他衣服也穿得很朴素，几套在延安时穿过的破旧衣服，一件呢子大衣补了几个补丁总是舍不得换掉。他的那件穿了好多年的棉衣，经过几次拆洗，短了就用布接上，破了就缝补，也没舍得换件新的。为此，工作人员经常催促他更换新衣，而他总是说："农民一件棉衣要穿十几年，甚至一代传一代，我这件还可再穿几年。"

刚到北京时，徐特立一直与中共中央宣传部的部分工作人员住在一起，房子较挤。1952年，组织上从工作需要考虑，决定给他盖几间房子。但是，他反复强调要勤俭节约，让建房费用缩减到原计划的一半。后来他还批评窗帘的费用多了，并说："窗帘能挡住光线就行，干吗要用这么好的东西做。当年我们在延安就没有窗帘，不是照样干革命吗？可不能好了伤疤忘了痛，必须继续保持和发扬小米加步枪的延安精神。"他还经常教育身边的工作人员，不要让一滴水漏掉，不要让电灯闲照。一旦发现自来水龙头没关好或者房间无人并着灯，即使是已经睡下，也一定起来亲自去拧紧水龙头，关好电灯。他处处事事从国家的利益、人民的生活出发，缩减每一项开支，不让国家的钱财受到一点损失。

徐特立年轻时在外办学，后来参加了革命和长征，并随红军转移到陕北，对家庭和老夫人总觉得愧疚。而熊立诚也因终身劳累，晚年常犯心绞

徐特立旧居大门——北京西单堂子胡同20号。

徐特立夫妇在公园泛舟。

痛，经常需要进医院治疗。一些革命老前辈怕影响徐特立的生活，建议让国家补助一部分医药费，被他坚决拒绝。他说：她是家属，我有薪金，可以养她，况且又不是天天住院。

他对于老夫人的关心，还体现在对儿子厚本牺牲事情的隐瞒上。由于熊立诚受大儿子徐笃本牺牲的刺激，一度精神失常，二儿子厚本牺牲后，徐特立通知家中所有的亲戚要对妻子隐瞒实情，并称儿子已去苏联留学。由于长期看不到儿子，老夫人一是牵挂儿子，二是疼爱儿媳，有时不免唠叨几句，此时，徐特立一方面强忍丧子之痛安慰儿媳徐乾；另一方面还要与徐乾和家人一起隐瞒真相，并以“假信”来安慰夫人。

1954年徐特立写给徐厚本的信内容如下：

厚本吾儿：

十一月二十五日的来信收到了，你去苏联后只接到你的信两次，又不知道你的住址，很难写信给你。

你的母亲和我都将近八十，你的女儿已十八岁，你的妻还望你回家，接到你的信，才知道你已在苏联安了家，并有了子女。按苏联的法律，女子和外国人而生的儿女是不能随外国人出国的，我也知道你们是不愿意丢开了父母又丢开儿女，你的困难只能照顾一面，还是由你自己决定，不过你的母亲天天盼望你们。翠英知道你们的情况，她觉得生米煮成了熟饭，

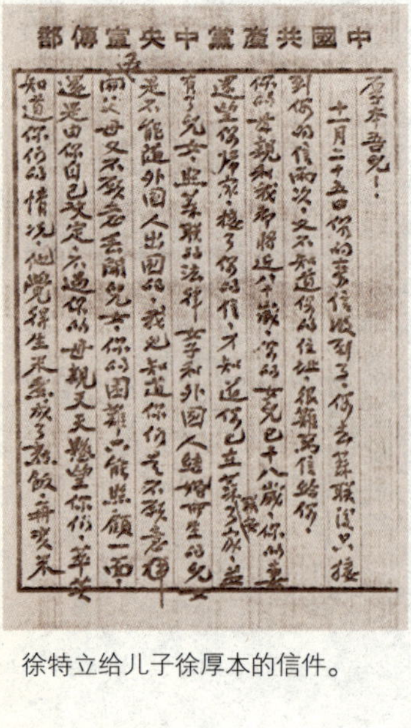

徐特立给儿子徐厚本的信件。

再变回米是做不到的。你留在家里一个女儿，女儿总是自己生的，也能安慰她。最最发愁的是你的母亲，我们家以外，柏青一家也在北京，我们的光景也不太坏，你可放心。但是，你的母亲每一天都是苦痛，老人的心里总是这样的，比不上我们出门在外的人，时间久了，就忘记了家，我是难以说服你的母亲，请你多考虑，话完了，请回信。[1]

信中不仅真实地流露出一位严父的菩萨心肠，更体现了一个革命家关爱妻子的细腻情感，读后不禁让人感佩！

徐特立是全国人大代表，当组织上发给他每月50元的津贴时，每次都被他退回。他让秘书给组织上回信说：我每月有薪金，人民代表应该为人民办事，不能增加人民的负担。以后不要再给我寄这批款了！

在生命最后的时刻，徐特立决定把多年的积蓄交给党组织，几次都被退了回来，然而他仍然坚持上交。不仅如此，他还留下遗嘱，死后将自己的遗体捐献给医疗科学部门。

1968年11月28日，徐特立因病医治无效，在北京逝世，享年91岁。

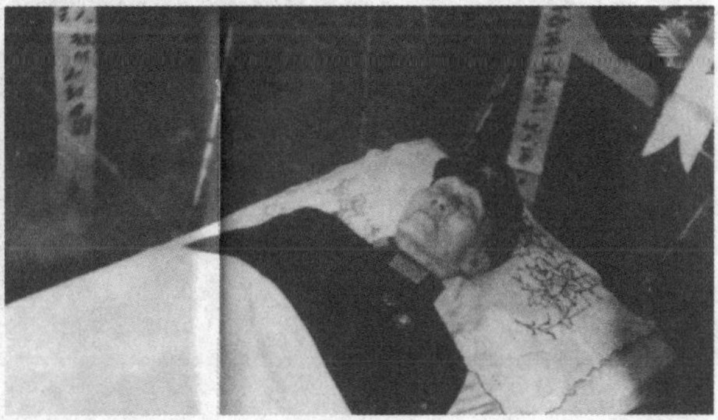

徐特立遗容。

[1] 武衡、谈天民、戴永增主编：《徐特立文存》（第5卷），广东教育出版社1995年版，第323页。

徐特立逝世后，正在广州的董必武惊闻噩耗，悲痛地哀挽道：

晚节全持好，堪为我辈师。救亡曾断指，入党在危时。

亲切长征伴，叮咛小集期。何图竟永诀，梦魂郁哀思。[1]

党中央为他举行了隆重的追悼会。毛泽东同志献了花圈，并亲笔在悼词上书写了“光荣的一生，革命的一生，伟大的一生！”周恩来总理以及党和国家领导同志参加了追悼会。

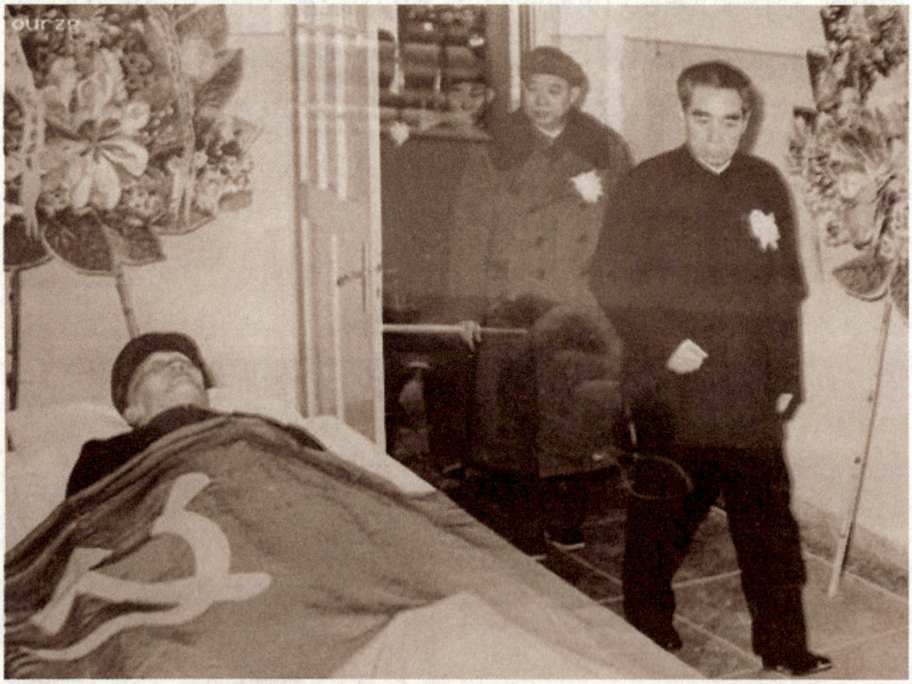

周恩来总理等国家领导人参加徐特立追悼会。

[1] 徐禹强、徐文浩主编：《万世师表徐特立》（上卷），中国档案出版社1998年版，第85页。

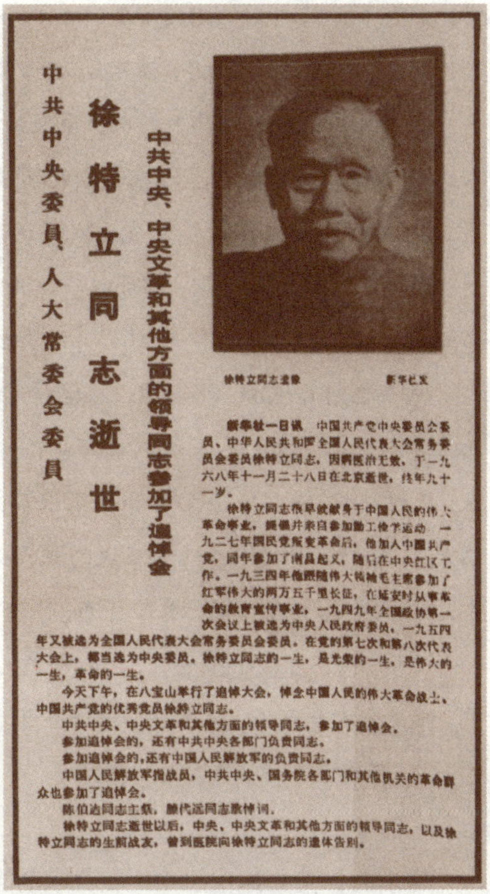

中共中央委员、人大常委会委员

徐特立同志逝世

中共中央、中央文革和其他方面的领导同志参加了追悼会

徐特立同志遗像　新华社发

新华社一日讯　中国共产党中央委员会委员、中华人民共和国全国人民代表大会常务委员会委员徐特立同志，因病医治无效，于一九六八年十一月二十八日在北京逝世，终年九十一岁。

徐特立同志很早就献身于中国人民的伟大革命事业，领导并亲自参加勤工俭学运动。一九二七年国民党叛变革命后，他加入中国共产党，同年参加了南昌起义，随后在中央红区工作。一九三四年他跟随伟大领袖毛主席参加了红军伟大的两万五千里长征，在延安时从事革命的教育宣传事业。一九四九年全国政协第一次会议上被选为中央人民政府委员，一九五四年又被选为全国人民代表大会常务委员会委员。在党的第七次和第八次代表大会上，都当选为中央委员。徐特立同志的一生，是光荣的一生，是伟大的一生，革命的一生。

今天下午，在八宝山举行了追悼大会，悼念中国人民的伟大革命战士、中国共产党的优秀党员徐特立同志。

中共中央、中央文革和其他方面的领导同志，参加了追悼会。

参加追悼会的，还有中共中央各部门负责同志。

参加追悼会的，还有中国人民解放军的负责同志。

中国人民解放军指战员，中共中央、国务院各部门和其他机关的革命群众也参加了追悼会。

陈伯达同志主祭，滕代远同志致悼词。

徐特立同志逝世以后，中央、中央文革和其他方面的领导同志，以及徐特立同志的生前战友，曾到医院向徐特立同志的遗体告别。

新华社讣告：《徐特立同志逝世》。

此处摘取中共中央在徐特立追悼会上的部分悼词作为本书的结尾：

徐特立同志是一位杰出的无产阶级教育家。他遵循以毛泽东同志为代表的马克思主义路线，为创造新民主主义的事业，做出了卓越的贡献，为社会主义教育事业做了奠基的工作。他又红又专，学识渊博，通晓哲学、社会学和自然科学；他懂得很多，却时刻以为不足，做到了活到老，做到老，学到老，革命到老；言传身教，教育了几代青年，桃李满天下，不愧为人民代表。

徐特立同志是一位伟大的共产主义战士，是一个高尚的人，一个有道德的人，一个有益于人民的人。他在长期的革命斗争中，认真学习马列主义、毛泽东思想，坚持党的正确路线，对党和人民的事业抱有无限的忠诚。无论在战争年代，还是在和平建设时期，都是以一个共产党员的标准严格要求自己，表现出来的最大特点就是革命第一，工作第一，他人第一。

他在思想作风和工作方法上，坚持辩证唯物主义和历史唯物主义反对形而上学和唯心主义；他深入调查研究，一切从实际出发，实事求是，不自以为是，反对迷信，痛恨官僚主义和铺张浪费；他密切联系群众，不搞任何特殊，总是言行一致，表里如一，口里说的就是心里想的和手里做的；他为人和蔼可亲，平易近人，勤俭节约，艰苦朴素；他有着毫不利己，专门利人，廉洁奉公，助人为乐，从不计较个人得失，全心全意为人民服务的革命精神和共产主义道德。他是全党自我牺牲的模范，艰苦奋斗和遵守纪律的模范。他的一生是光荣的一生，革命的一生，伟大的一生！

这是对徐特立这位杰出的教育家的真实概括，他无愧为中国教育事业和革命事业的一代师表。

历年研究徐特立的部分书刊。

后 记

编撰《徐特立画传》对我来说既是一种机缘，更是一种挑战。

说它是一种机缘，主要是因为徐特立与北京理工大学（前身为延安自然科学院）的不解渊源，使我们能够有机会参与这项工作。徐特立作为延安自然科学院时期的第二任院长，为中国共产党成功创办第一所理工科大学奠定了根基，使这所从延安走来的大学承继了老院长终身倡导并实践的“实事求是，不自以为是”的精神和学风，与时俱进地发展成为一所名副其实的知名学府。

作为对徐特立老院长的纪念，北京理工大学自20世纪80年代起，就在国内教育界率先开始了纪念徐特立的活动和对徐特立教育思想的研究，并陆续出版了一批有影响的研究成果。

1986年，北京理工大学在中关村校区中心花园竖起了徐特立的半身铜像，延安自然科学院的老校友、时任国务院副总理的李鹏在铜像揭幕时作了重要讲话；同年，设立“徐特立奖学金”，奖励那些学业优秀、家庭困难的大学生和研究生；年底，北京工业学院高等教育研究室编辑的《延安自然科学院史料》，作为中国共产党党史资料丛书，由中共党史出版社出版。1987年，为纪念徐特立诞辰110周年，北京工业学院高等教育研究室编辑出版了《当今一圣人——徐特立寿辰贺词选编》；同年，在我校召开了全国性的“徐特立教育思想研讨会”。随着对徐特立思想研究的进一步深入，1989年编辑出版了《徐特立读书眉批选》。1990年由北京理工大学吉多智、李国光和戴永增合著的《徐特立教育学》由广东教育出版社出版。1996年，由武衡、谈天民和戴永增联合主编的五卷本《徐特立文存》（计180多万字）由广东教育出版社出版，该书在人民大会堂举行了首发式。1999年，中华世纪坛前的青铜甬道“五千年文明大事记”，对此有专门的记载：在1968年条目中，记有“教育家徐特立逝世（1877年生），有《徐特立文存》传世”的文字。为纪念徐特立诞辰120周年，北京理工大学于1997年1月28日成立“徐特立教育思想研究会”，并编印了北京理工大学跨世纪德育系列教育丛书之六——《我们的老院长徐特立》。1999年，戴永增教授编辑的《徐特立教育论语》由人民教育出版社出版，被中华孔子学会的权威人士称为“一本堪称现代《论语》的好书”。2000年，北京理工大学高等教育研究所牵头召开了“第六次全国徐特立教育思想研讨会”。2002年，戴永增教授主编的《群众本位——教育之光》一书出版。2007年，北京理工大学教育科学研究所牵头举办“全国徐特立教育思想研讨会”。2010年9月26日，在北京理工大学70周年校庆之际，由北京理工大学主办、北京理工大学教育研究院（原北京理工大学高等教育研究所）承办的“纪念徐特立从教115周年暨全国徐特立教育思想研究会”在人民大会堂召开；凤凰卫视电视台为北京理工大学拍摄专题报道片《大爱育人中华魂》首映。所有这些活动与成果都为我们做好这一专题研究进行了前期铺垫。

然而，作为教育研究的后辈，当我接到中央教科所储朝晖研究员邀请编著此书的电话、听到突如其来的约稿任务时，却感到了前所未有的挑战和压力。

面对徐特立这位中国教育史上高山仰止的楷模，我们有何资格接受这一任务？所幸的是，北京理工大学教育研究院具有较好的研究基础；我校图书馆和良乡校区徐特立图书馆藏有大量丰富的徐特立研究史料和珍贵的历史图片。尤其是，对徐特立教育思想素有研究的戴永增教授，听此消息后无比兴奋。他认为“这是一次使年轻人向徐特立学习和得到锻炼的绝好机会”，并对我再三鼓励、全力帮助，增强了我们的研究信心。

在本书付梓之际，许多令人感动的画面浮现在眼前，使我们不得不在此一一致谢！

首先，感谢北京理工大学教育研究院郭大成与何海燕两位院长的支持！没有他们的鼓励，我们或许错过这次向教育家学习的机会。

其次，感谢北京理工大学戴永增教授的耐心指导和无私帮助！没有戴老的鼓励、引导和帮助，我们无力攀登徐特立研究这座令人仰慕的大山。

由于近十几年如一日地参与徐特立教育思想的研究，戴老颇具徐特立先生的风采：他虽年近八旬，却精神矍铄，说起徐特立，就像打开了专题报道的“收录机”，只需轻触按钮，便听他滔滔不绝、如数家珍般讲述起来。他为人谦逊真诚，处事严谨和善，提携后辈不遗余力。无论何时，每当我拿起电话询问，总能够得到他有价值的帮助。从编写提纲，到资料查阅；从章节目录，到内容的调整，戴老就像一个“给力的拐杖”，引领我们一步步地向目的地攀援。

第三，感谢中央教科所储朝晖研究员的信任和四川教育出版社穆戈编辑的辛勤工作！本书能够成稿得益于他们二位从始至终的理解和支持。当我两次把书稿发给储老师时，他放下手头的工作，以最快的速度回复了详细的修改意见，对于本书的修改定稿起到了很好的指导作用。

本书能够出版凝聚了穆戈编辑大量的心血。他对本书从文字到图片审慎的修改，给作者留下了难忘的印象。在此，对他们的辛勤工作致以崇高的谢意！

感谢《徐特立研究》编辑部梁堂华主任的赠书！他的新著《圣人风范徐特立》在我四处寻找资料的时候派上了用场。

感谢北京理工大学校史馆王民馆长！当我为本书的图片搜集而着急时，王馆长爽快地以馆中珍藏的照片相赠，其支持之情令我感动。

最后，对于书中引用的许多参考文献的作者在此一并致谢！他们的前期开拓为本书的问世提供了参阅方便。

经过十个多月的努力和作者们的通力合作，我们将《徐特立画传》呈献给关心热爱教育事业的人们与热心于徐特立研究的同行，以求得到大家的指点。从接受任务时的诚惶诚恐，到编写过程中的惴惴不安，再到截稿前修改时的谨小慎微，我们力求通过本书的编写，真实而客观地呈现徐特立的师长风范，突出这位为创立中国自己的教育学说而躬耕不辍的现代教育家的大爱精神。

本书是集体合作的成果。绪章、后记与本书的第一至四章由靳贵珍博士执笔；第五至七章由王颖博士提供资料（她在接到任务后不久即赴加拿大访学），靳贵珍主撰；第八至十一章由常顺英教授与高国庆老师共同执笔，靳贵珍改写了第十章。全书由靳贵珍编写提纲，并最终修改、定稿。

由于时间仓促，加之研究水平的局限，书中不免存在一些问题，诚望同行专家提出宝贵的改进建议！

靳贵珍

辛卯年盛夏于北京

把教育办得更好

（代跋）

储朝晖

提倡教育家办学是提升中国教育品质的必由路径，令人遗憾的是，近三十年对教育的实地调查使我深感无论是在教育业内还是整个社会，对教育家的认识都是极度模糊的。

在我心存为解决这一问题做点什么的愿望时，四川教育出版社前任社长安庆国先生说他一直想出版一套《20世纪中国教育家画传》丛书而未能如愿。于是，我们决定合力将这件事做好，以期对传承、传播教育家的办学理念，促进教育家办学有所裨益。这便是这套丛书编写和出版的缘起。

在丛书编写和与各卷作者交流的过程中我体会到，一个时代是否有教育家是与两个方面相关的：一是这个时代是否需要教育家；二是这个时代是否具有产生教育家的环境。可以说任何时代都有具有教育家潜能和品质的人，但只有独立思考，并能依据其独立思考自主实行教育教学的人，才能成为教育家。因此，凡是学人能够自主的时代，出现教育家的概率就高；而在学人不能自主的时代，就不会出现教育家。如果真的期望教育家出现，就要创造教师能够自主教学，学生能够自主学习，校长能够自主办学的社会与制度环境，否则就不可能出现真正的教育家，也不可能培养出杰出人才。

教育家的认定最可靠的方式是社会认同，获得较高社会认同的教育从业者，能被社会高度认同为教育家的人就是教育家。当今尚不存在哪个专家或某个机构具有确认教育家的资质。限于条件，这套丛书还不能对所选传主通过全民投票的方式来确定，但所选的十位传主确是经过教育史专业的学者海选而产生的，他们选出了王国维、蔡元培、陶行知、张伯苓、胡适、梅贻琦、黄炎培、徐特立、陈鹤琴、晏阳初，在20世纪中国教育史上，他们发挥的教育家作用是毋庸置疑的。令我们感到惊诧的是，他们在那个年代就已经相互认识，大都有过直接交往，其中一些人之间还是挚友，这应是志同道合使然。

除了外部认同，教育家必备的内部品质有三种：一是博爱之心，执著地爱学生、爱教育工作、爱人类未来的发展；二是独立思考和不懈求新，教育已经是数千年的专业工作，不能独立思考和创新的人是难以成为教育家的；三是有从事教育工作的专业潜质，能敏锐地发现教育问题，并以独特的思考和行为解决问题。有了这三种品质，在外部条件许可的情况下就会产生诸如教育思想、办学业绩、论著等结果。

是否称得上教育家，最根本的是看他是否教人做人，能否依据学生不同的潜能、个性和志向培养出值得他自己崇拜的人。一个人的学业成绩仅仅是他成长发展的一个方面，学业成绩高并不一定就发展得好，教出考试成绩高的学生也不是教师成为教育家的垫脚石。近三十年来有不少学生得了各类国际奥林匹克奖，却未能成长为相关领域真正的专家。陶行知主张办知情意合一的教育，有一段很有针对性的话："知情意三者并非从割裂的训练中可以获取。书本教育也许可以使儿童迅速获得许多知识，神经质的教师也许可以使儿童迅速地获得丰富的感情，专制的训练也许可以使一个人获得独断的意志，但我们何所取于这样的知识，何所取于这样的感情，何所取于这样的意志？知情意的教育是整个的，统一的。知的教育不是灌输儿童死的知识，而是同时引起儿童的社会兴趣与行动的意志。感情教育不是培养儿童脆弱的感情，而是调节并启发儿童应有的感情，主要的是追求真理的感情；在感情之调节与启发中使儿童了解其意义与方法，便同时是知的教育；使养成追求真理的感情并能努力与奉行，便同时是意志教育。意志教育不是发扬个人盲目的意志，而是培养合于社会及历史发展的意志。合理的意志之培养和正确的知识教育不能分开，坚强的意志之获得和一定情况下的情绪激发与冷淡无从割裂。现在我们要求在统一的教育中培养儿童的知情意，启发其自觉，使其人格获得完备的发展。”[1]坦率地说，现在不少学校的学生成绩就是以割裂的方式获取的，这样的学校教育就不能说是真正在教育人，也不可能造就出教育家。如果不能走出这个误区，教育家的出现就永远只能是梦想，教育家办学就只会蹈空。

中外历史上所有教育家的人生旅程都是历经波折，艰难求索的过程。他们虽未自称是教育家，却都在青年时期就有高远的志向，如孔子“十有五而志于学”、陶行知“要让每个中国人都受到教育”，都是普通而又高远的追求。为了实现人生目标，他们不畏权势、不为名利，“捧着一颗心来，不带半根草去”，贫贱不移、富贵不淫、威武不屈、美人不动。教育家的出现首先需要有尊道抑势、以人类发展进步为己任的大胸怀，需要终生不辍的求索和行动。

教育家群体的出现需要有适宜的制度与社会环境，要让有教育家天赋的人敢想、敢干，能想、能干，这种社会条件往往不是一个人、一个机构、一个政策所能创造的。从现实状况看，教师的自主性和创造性未能得到充分发挥确是现有教育管理体制的缺陷，而改变现有体制使更多的人能遵循教育内在规律更高效地工作，就是应该尽快解决的实际问题。

这套丛书突出传主的教育思想、办学理念、办学实践，尤其凸显传主的教育家精神，希望真正激励一批有志教育的人成为教育家，切实有效地推动中国的教育家办学进程。

---

[1] 陶行知：《育才学校教育纲要草案》，《陶行知全集》（第4卷），四川教育出版社2009年版，第382~383页。

这一想法的实施是一项艰巨的任务。黄延复先生因与我都有弘扬大学精神的共同心愿而成为忘年之交，在《梅贻琦画传》的写作过程中，我俩仅打过几次电话，便能对对方的想法灵犀相通。在他的指导下，青年学者钟秀斌领悟得很到位，花一年多时间完成了《梅贻琦画传》书稿。年近八旬的戴永增先生，二十多年如一日地进行徐特立研究，我俩因此而成为无话不说的老朋友。说起徐特立，他就像做专题报道，滔滔不绝、如数家珍。为了《徐特立画传》的编写，他亲自找到北京理工大学郭大成书记，要求将这一工作列为该校的一个科研项目；同时他再三鼓励、全力帮助以靳贵珍老师为主的青年学者写作，提携后辈不遗余力。当书稿完成后他在电话中明确坚定地告诉我自己不署名。同样，华东师范大学中国史学研究所房鑫亮教授对《王国维画传》的写作给予大力支持，一开始就明确表示愿意以《王国维全集》的编辑工作为基础，指导徐旭晟博士完成书稿，但自己坚决不署名。这本身就是本套丛书所追求的精神境界之一。

对本套丛书给予直接帮助的个人和团体还有：中国人民大学教授程方平，中国教育研究院徐卫红、夏辉映，北京师范大学教授顾明远、孙邦华，北京理工大学教育研究院，在此一并致谢。此外，由于本套丛书参考的文献浩繁，标注的引文及参考文献或属挂一漏万，对于这种情况，我们在此一并致歉并致谢！

在本套丛书即将出版之际，真诚感谢对各位传主研究有素的专家乐意担任各分册作者。在这个作者队伍当中，既有与我交往数十年的老朋友，也有为完成这次任务而结识的新朋友。在编写和出版这套丛书的基本理念上，我们在认识上高度一致，在情感上高度愉悦，遇到各种困难能够设法克服，较好地保证了这套丛书的内容深度和质量。在此，尤其要感谢前辈学者黄延复、宋恩荣、梁吉生、戴永增、金林祥诸位先生，他们有人和我交谈时说这次的写作是绝笔之作，更令我肃然起敬且感到难以担当，但愿我们的真诚能有助于读者更好地领会各位教育家的精神真谛，碰撞出当今社会更多的真诚，把教育办得更好。

四川教育出版社现任社长雷华、总编辑胡宇红、副社长李晓翔和王积跃对整套书的出版给予了大力支持；张纪亮主任和各位责任编辑为丛书出版花费了大量精力；同时我的爱人胡翠红做了大量资料查阅、梳理工作。在此一并致以诚挚的谢意！

尽管本人及各位作者在写作时尽了最大努力，但丛书的缺点和不足在所难免，恳请方家和读者批评指正，所提意见可直接发到我的邮箱：chu.zhaohui@163.com，在此先致谢忱。

2012年3月28日